문화콘텐츠란 무엇인가

차례
Contents

03문화가 중요하다 25변화하는 사회, 새로운 패러다임 49문화
콘텐츠산업은 첨단미래산업 66문화콘텐츠 정책

문화가 중요하다

21세기는 문화의 시대

언젠가 헬렌 켈러의 이런 이야기를 읽은 적이 있다. 타고난 불행을 딛고 성공한 헬렌 켈러에게 어느 기자가 "앞을 볼 수 없는 것보다 더 불행한 것이 어디 있겠습니까?"라고 물었다. 그러자 헬렌 켈러는 이렇게 응수했다. "앞을 볼 수 없는 사람보다 더 불행한 자는, 눈으로 앞은 보지만 미래를 내다보지 못하는 사람이지요"라고 말이다. 맞는 말이다. 생물학적인 시력보다 더 중요한 것은 미래를 내다보는 긴 안목이다. 공간적인 앞을 보는 것은 시각(eyesight)이지만 시간적인 앞을 내다보는 것은 바로 비전(vision)이다. 비전은 창의력과 미래에 대한 신넘과 의지에서 비롯된다.

그렇다면 우리의 미래는 어디에 있는가? 또한 우리는 어떤 삶의 비전을 가져야 하는가? 저명한 역사학자 아놀드 토인비는 "인류의 미래는 여가를 어떻게 수용하느냐에 달려 있다"고 말했다. 사실은 여가야말로 인간이 문화적인 삶을 즐기는 시간이다. 그런데 우리나라 국민들이 여가시간에 무엇을 하는가를 조사한 통계를 보면 수면, TV 보기 등의 순으로 나온다. 일하는 것이 고달파 여가시간에 잠을 자고 바보상자라는 TV를 본다는 것은 여전히 우리의 삶이 그리 문화적이지 않음을 방증하고 있다. 이제 우리는 문화에서 우리의 미래를 찾아야 하며 문화적인 삶이라는 비전을 가져야 한다. 문화는 인간을 인간답게 만들어 주는 가장 중요한 요인이기 때문이다.

모든 차이는 문화로부터 비롯된다. 남들보다 뒤처지고 남의 것만 모방하는 것도 문화이고, 언제나 새로운 것을 만들고 리드해 가는 것도 문화이다. 문화의 중요성을 새삼스럽게 강조하는 것이 어색할 정도로 문화의 중요성에 대한 대중적 공감대는 이미 어느 정도 형성되어 있다. 사실 문화는 우리의 삶의 방식이고 가치관이며 역사적으로 그 사회가 만들어낸 산물이지만, 오늘날에는 산업과도 결합되면서 부가가치의 새로운 원천이 되고 있다. 문화기술(CT, Culture Technology)은 고부가가치를 창출하는 첨단기술로 각광받고 있고 문화콘텐츠산업은 미래산업으로 부상하고 있다. 어느 한때 문화가 중요하지 않은 적이 없었겠지만 오늘날 문화는 갈수록 더 중요해지고 있는 것이다.

지성계에서는 "1980년대의 화두를 사회과학이 제공했다면, 1990년대 화두의 원천은 문화비평"이라고 분석한다. 1990년대 들어 물질적으로 점점 더 풍요로워지고 경제 수준도 선진국의 초입에 진입하게 되자 온 사회가 부쩍 문화에 관심을 쏟기 시작했다. 바야흐로 21세기는 '문화의 세기'이다.

문화의 힘은 강하다. 프랑스 사람들이나 이탈리아인들의 오만방자함은 주지의 사실이다. 그들이 지나칠 정도의 자부심을 갖고 있는 것은 자국 문화의 힘과 잠재력을 굳게 믿고 있기 때문이다. 프랑스의 경우는 국가가 나서서 문화를 전폭적으로 지원하는 정책을 펴고 있고, 심지어 공식적으로 '문화국가(Etat culturel)라는 말까지 사용하고 있다. 그들은 경제는 앵글로 색슨 국가에게 뒤져도 문화만큼은 절대 뒤지지 않고 뒤질 수도 없다고 생각한다.

경제는 '존재의 문제'지만 문화는 '어떻게 존재하느냐'의 문제다. 다시 말해 경제는 생존의 문제지만 문화는 삶의 질의 문제라는 것이다. 이렇게 문화는 삶의 질을 다루기 때문에 더 중요하다. 삶의 질을 다루는 문화경쟁은 국가간의 최종적 경쟁이라고 해도 과언이 아니다.

문화연구가 레이먼드 윌리엄스는 "영어 단어 중에서 가장 정의하기 어려운 단어 중 하나가 문화(culture)"라고 말했다. 문화라는 용어는 그만큼 다양한 의미를 가지고 있고, 사용하는 사람마다 의미가 다르다.

문화란 도대체 무엇인가? 문화는 어떻게 정의할 수 있을까? 우리의 일상 속에 뿌리내리고 있고 인류역사와 궤를 같이해 온 것이 바로 문화지만, 사실 문화만큼 정의하기 힘든 개념도 드물 것이다. 사람마다, 민족마다, 시대마다, 지역마다 문화에 대한 정의는 달라질 수 있고, 문화에 대한 합의된 정의도 여전히 부재한 상태이다.

원래 문화라는 용어는 라틴어의 cultura에서 파생되었다. 본래의 뜻은 경작(耕作)이나 재배(栽培)였는데, 나중에는 '교양이나 예술' 등의 뜻을 가지게 되었다. 그래서 '문화인'(文化人)은 '교양인'이나 '예술인'과 비슷한 의미로 사용된다.

우리는 문화라는 단어를 일상적으로 사용하는데, 이 문화라는 용어는 맥락에 따라 다른 의미를 갖는다. 우선은 '좋은 취미로서의 문화'(culture as good taste)이다. 훌륭한 예술을 알고 오페라 구경을 가고 프랑스 음식을 즐기는 사람을 문화인이라고 한다면 이때의 문화는 '고급스런 취향'이란 의미의 문화이다. 두 번째는 '한 사회 및 그 사회와 관련된 모든 것을 지칭하는 넓은 의미로서의 문화'(culture as everything)인데 프랑스 문화, 서구문화(西歐文化) 등의 용어에서 사용되는 문화이다. 세 번째는 사회학자들이나 사회과학자들이 문화를 언급할 때 사용하는 '문화'이다. 이때의 문화는 '지식과 가치체계로서의 문화'(culture as knowledge and belief systems)라는 의미를 갖는다.

또한 사회학에서는 문화에 대한 정의를 크게 광의의 것과 협의의 것으로 나누기도 한다. 광의의 문화는 '사회적 인간이 역사적으로 만들어낸 모든 물질적, 정신적 소산을 말하는 것인데, 이 중 정신적인 산물을 물질문명과 구분하여 협의의 문화라고 정의하고 있다. 좀 단순화시켜 이해하자면 가치나 신념, 사고방식이나 이론, 철학, 생활양식 등 무형의 측면은 문화이고, 기계나 건축물, 발명품 등 물질적 산물은 문명이라고 한다는 것이다. 정신문명, 물질문화라는 말은 어쩐지 어색하고 정신문화, 물질문명이라는 말이 자연스러운 것은 바로 이때문이다. 물론 이런 식의 구분은 문화와 문명을 구분하는 독일철학의 영향이 크다. 독일어에서는 '문화'를 의미하는 Kultur와 '문명'을 뜻하는 Zivilisation이 본질적으로 다른 두 영역이다.

문화에 대해서는 수많은 정의들이 있지만 그 중 가장 빈번하게 인용되고 가장 널리 통용되는 정의는 영국의 인류학자 에드워드 버넷 타일러(Sir Edward Burnett Tylor, 1832~1917)의 정의다. 문화인류학의 창시자로 여겨지는 타일러는 자신의 저서 『원시문화 Primitive Culture』(1871)에서 문화를 "지식, 신앙, 예술, 도덕, 법률, 관습 등 인간이 사회의 구성원으로서 획득한 능력 또는 습관의 총체"라고 정의했다.

사회과학적으로 보면 산업도 문화고 상업도 문화고 과학기술도 문화이다. 모든 사회는 문화를 가지고 있다. 그래서 사회학자들은 '사회가 그릇이라면 문화는 그 그릇에 담겨있는 내용물'이라고 이야기한다.

시대마다 사회마다 문화는 존재하지만 그 문화는 늘 변화하고 진화한다. 오늘날의 문화는 19세기의 문화와는 분명히 다르다. 당시만 해도 인간다운 삶보다는 먹고사는 생존의 문제가 더 절박했다. 19세기의 서구사회는 자본주의가 막 태동해서 발전하던 단계였기에 노동자들의 노동환경도 열악했고, 노동자들의 일상적인 삶은 비참하기만 했다. 이런 노동자들의 참상을 지켜보던 칼 마르크스가 자본주의 경제메커니즘의 비인간적 본질을 폭로하면서 노동자의 나라를 꿈꾸었던 것은 시대적 필연이었는지도 모른다. 당시의 노동자들은 '8시간 자고, 8시간 일하고, 8시간 인간답게 사는' 세상을 원했다. 지금은 지극히 당연해 보이는 그들의 요구가 당대로서는 유토피아 같은 이상이었던 것이다. 그런데 사실 생존을 위한 노동시간 8시간과 회복을 위한 육체적 휴식이나 수면 시간 8시간을 뺀 나머지 8시간이야말로 인간이 다른 동물과 구분되는 인간적 삶을 가꿀 수 있는 시간이다. 문화는 인간만이 향유하는 일종의 특권일 수 있다.

동물의 세계는 자연세계이다. 하지만 사회적 동물인 인간의 세계는 문화의 세계이다. 동물은 자연 상태에서 자유롭지만, 인간은 사회 속에서 공동체적인 삶을 살아가는 것이 당연하다. 자연 상태에 놓여 있는 동물과 인간이 구분되는 지점은 바로 문화이다. 그렇기에 '문화'는 '자연'(nature)의 상대어이다. 흔히 '문화'의 상대어가 '야만'이라고 생각하기 쉽지만 이는 문화와 문명을 혼동한 결과이다. '야만'의 상대어는 '문명'이다.

각설하고, 초기 노동운동가들이 꿈꾸었던 '8시간의 인간적인 삶'은 아마도 문화에 해당되는 시간일 것이다. 하지만 19세기, 20세기 중반까지만 하더라도 8시간만 일해서는 먹고 살기가 힘들었다. 자연히 여가시간이란 생각조차 할 수 없었다. 사회가 점차 물질적으로 풍요로워지면서 노동자들의 노동시간은 줄어든 반면 여가시간은 늘어났다. 사람들은 여가나 레저, 엔터테인먼트, 자기계발에 관심을 가지기 시작했다. 여기에 테크놀로지의 발전과 과학의 진보가 결합되면서 문화가 꽃을 피우기 시작했던 것이다. 영화가 만들어지고, 음반이 나오고, 게임과 레저스포츠가 나타났다. 산업사회의 문화는 이렇게 계속 발전되어 왔다. 여가시간이 늘어나고 문화생활이 윤택해진 것은 산업사회(Industrial Society)와는 구분되는 탈산업사회(Post-industrial Society)의 주요한 징후 중 하나이기도 하다. 문화는 여가선용이나 인간다운 삶의 향유 차원에서 그치지 않았고, 점차 산업과 결부되기 시작했다. 문화 자체가 하나의 산업이 되기 시작했던 것이다. 요즘은 '문화'와 '상품'(Product)의 합성어인 '컬덕트'(Cul-duct)라는 말까지 사용된다.

자본주의 사회는 자본주의적인 문화를 가지고 있고 사회주의 사회는 사회주의 나름의 문화를 가지고 있다. 그런데 자본주의 사회는 말 그대로 자본(돈)이 가장 근본이 되는 사회이므로 문화도 자본의 논리로부터 벗어날 수는 없다. 그래서 자본주의 사회에서 문화와 산업을 굳이 구분하는 것은 쉽지가 않은 것이다.

문화가 중요해지면 사회 전체의 총생산 중 문화산업이 차지하는 비중이 점점 커질 수밖에 없다. 미국이 영화 「쥬라기 공원」한 편으로 올린 수익은 우리나라가 한 해 동안 자동차 수출을 해서 벌어들인 총액을 능가한다. 할리우드 영화산업은 항공우주산업, 군수산업, IT산업 등과 함께 미국의 국부를 지탱하고 있다. 바로 이런 것이 문화의 시대 21세기의 새로운 풍속도이다. 문화산업은 국가경쟁력의 원동력이며 미래발전의 관건이 되고 있다.

문화는 민족혼이자 창조력 −슈펭글러의 『서구의 몰락』의 교훈

지금으로부터 약 한 세기 전, 독일의 역사가이자 문화철학자인 오스발트 슈펭글러(Oswald Spengler, 1880~1936)는 『서구의 몰락 Der Untergang des Abendlande: Decline of the West』이라는 책을 출간해 지성계에 경종을 울렸다. 1918년에 제1권, 1922년에 제2권이 나온 이 책은 독일뿐만 아니라 유럽 여러 나라의 지식인들에게 큰 영향을 주었고, 유럽인들 스스로 자신의 정체성과 역사를 돌아보게 하는 계기가 되었다. 이 책은 전 세계의 다양한 언어로 번역돼 지식인의 필독서로 읽혀 왔고, 우리나라에서는 1995년 범우사에서 박광순의 번역으로 출판되었다.

슈펭글러의 세계관은 기본적으로 인간의 문화도 생물 유기체와 마찬가지라는 인식을 기반으로 한다. 즉, 인간의 문화도 생물체처럼 발생, 성장, 쇠퇴, 멸망 등의 과정을 거친다는 것이다. 슈펭글러는 여러 문명의 발전과정에는 유사점이 있기 때문에 정치·경제·종교·예술·과학 등 다양한 사상(事象)의 문명비교를 통해 어떤 사회가 전체 문명사에서 어느 단계에 이르고 있는지를 파악할 수 있다고 주장했다. 이것이 바로 문명흥망에 관한 학문인 '문화형태학'이다. 이러한 문명사관은 제1차세계대전과 러시아혁명 등 혼란스러웠던 당대의 위기의식의 소산이었고, 그의 문화관은 아놀드 토인비 등의 역사학자들에게도 큰 영향을 주었다.

이렇게 사회역사를 생물학에 견주어 분석하는 것은 사회과학의 한 흐름이고 전통이다. 가령, 영국 사회학의 선구자인 허버트 스펜서(Herbert Spencer)는 찰스 다윈과 동시대의 인물이었는데 다윈의 진화론에 영향을 받아 사회도 생물유기체와 마찬가지로 진화하고 쇠퇴한다는 '사회진화론'을 주창했다. 따라서 슈펭글러가 사회문화를 유기체로 파악한 것은 전혀 새로운 관점이 아니었다. 그의 주장이 관심을 끈 것은 서구가 여전히 세계의 경제적, 문화적 중심이었던 시기에 서구의 몰락을 예언했기 때문이다.

그는 독일인이었기에 기본적으로는 문화와 문명을 구분하는 관점을 가지고 있다. 독일어에서 '문명'은 형이하학적인 물질문명을, '문화'는 형이상학적이고 정신적인 문화를 의미한다. '기술문명'이 사상이나 정신문화에 비해서 다소 저급한 것이라는 뉘앙스를 내포하고 있는 것은 바로 이런 독일어의 영향 때문이다.

슈펭글러는 거대한 유럽은 문명이 발전하는 단계였지 문화의 번영 단계는 아니라고 보았다. 그는 문화는 고유한 민족혼이고 창조력이라고 본 것이다. 그래서 산업혁명 이후 급속하게 물질적으로 성장, 물질적 요소에 크게 의존하게 된 서구문명은 곧 문화의 몰락단계라고 주장했다. '문명에의 의존은 문화적인 몰락'이라는 것이다. 하지만 경제적인 관점에서 본다면 역사는 슈펭글러의 주장과는 다르게 흘렀다. 20세기의 서구는 점점 몰락하기는커녕 과학기술의 발전과 세계화를 기반으로 하여 그 어느 때보다 번창했다.

그럼에도 불구하고 슈펭글러의 주장은 오늘날에도 여전히 의미심장하다. 서구의 발전과 융성이 문명의 큰 진전이기는 해도 문화적인 발전이라고 규정할 수는 없기 때문이다. 문화와 문명을 구분하는 순간 우리는 문화의 정신적인 측면을 생각하지 않을 수 없다. 모든 민족이나 공동체는 문화를 가지고 있고, 문화는 그 공동체를 지탱하는 정신적인 지주이다. 당대의 지식인 슈펭글러는 서구문화의 발전과 정체성에 대해 진지한 우려와 성찰을 했던 것이다.

인간을 구성하고 있는 것은 물, 뼈, 살, 내장, 기관, 뇌 등 물질적 요소이다. 하지만 이런 요소들을 전부 합치고 조립한다고 해서 인간이 만들어지지는 않는다. 민족도 인간과 마찬가지이다. 국가, 사회, 제도, 건축물, 군사력을 합친다고 민족이 만들어지지는 않는다는 것이다. 굳이 슈펭글러를 인용하지 않더라도, 문화는 곧 민족혼이다. 문화를 잃어버리면 민족혼과 민족의 창조력을 잃어버리게 된다. 남의 정신, 남의 혼으로 사회를 구성할 수는 없는 법이다. 그래서 우리 문화가 중요한 것이고 우리 문화를 가꾸고 지켜야 한다는 것이다. 사회 안에 담겨 있는 내용물이 문화이고 사회의 산물이 문화지만, 거꾸로 문화는 사회를 만들어가는 능동적이고 정신적인 요인이기도 하다. 문화가 없는 민족은 정체성도 주체성도 가질 수 없다. 이런 점에서 90여 년 전 슈펭글러가 했던 이야기는 지금도 여전히 되새겨볼 만하다.

문화는 자유의 실현이며 창조의 산물

문화는 삶과 사유의 방식이고, 삶의 질과 직결된다. 하지만 21세기 들어 문화가 부각되고 있는 이유는 문화의 경제적 가치 때문이다. 문화가 고부가가치의 원천이 되고 있고 새로운 성장동력이 되고 있는 것이다. 이제는 문화산업이 중요해지고 있고 문화콘텐츠가 주목받고 있다. 문화콘텐츠산업은 미래산업이고 전략산업이라고들 말한다.

문화가 경제적으로도 중요하다는 데는 이론의 여지가 없다. 하지만 그 중요성은 경제 영역에 한정되지 않는다. 혁신을 화두로 내건 참여정부도 혁신의 세 축 중 하나를 문화혁신으로 규정했다. 학계에서도 문화사회학, 문화경제학, 문화경영 등 문화연구가 첨단영역으로 부각되고 있다. 문화는 사회변동과 미래 트렌드를 읽는 키워드이기도 하다. 무엇보다도 문화는 인간 삶에서 없어서는 안 되는 절대적 요소이며 삶을 풍요롭게 해주는 요인이다.

산업적으로 고부가가치 창출의 원천인 문화는 산업 이전에 인간이 자신의 자유를 실현하는 과정이며 또한 창조성의 산물이다. 그런 점에서 칸트의 문화 해석은 '문화의 본질'을 정확하게 보여준다. 서구문화는 기독교문화이다. 성경에 기반을 둔 기독교는 서구문화를 읽는 열쇠이다. 칸트는 성경에 나타난 천지창조와 인류의 출현과정을 통해 문화의 기원을 논했다. 성서에 의하면 하나님은 인간에게 에덴동산의 선악과는 절대 따먹지 말라고 명령했으나 인간은 뱀의 유혹에 못 이겨 선악과를 따먹었고 그로 인해 결국 에덴동산에서 쫓겨났다. 에덴동산에서 쫓겨난 인간은 인간의 삶에 필요한 모든 것을 스스로 만들어내야 했고 그렇게 해서 만들어진 것이 신화, 종교, 예술, 언어, 과학, 규범, 기술 등이었다. 이런 모든 것이 바로 인간의 문화이다.

신의 관점에서 볼 때 선악과를 따먹은 것은 하나님의 명을 어긴 죄였지만, 인간의 관점에서 보면 인간 스스로 내린 결정이고 결단행위였기에 '인간의 자유의지의 실현'이었다는 것이다. 인간이 선악과를 따먹지 않았다면, 그리고 에덴동산으로부터 추방되지 않았다면 인간은 결코 인간의 세계, 인간의 문화를 만들 수 없었을 것이다. 그래서 칸트는 결론적으로 '문화는 자연의 보호 상태(에덴동산)로부터 자유의 상태로의 이행'이라고 정의했던 것이다(『칸트의 역사철학』).

프랑스 문화부 홈페이지에 보면 문화에 대한 여러 가지 설명이 나오는데 그중 '문화는 자유를 실현하는 장이다'라는 표현이 나온다. 이것도 칸트의 문화해석과 같은 맥락이다. 문화는 자유를 실현하는 수단이자 결과이다. 또한 그 과정은 새로운 것을 창조해내는 과정이다. 문화는 창작이고 창조행위이고, 그래서 자유롭고 진취적이며 미래지향적이다. 문화는 가치를 창조하고 부가가치도 창출한다. 미국 카네기멜론대학의 석학 리처드 플로리다(Richard Florida) 교수가 미래변화를 주도하는 현대사회의 주역을 '창조적 계급'(creative class)이라고 명명했던 것은 그래서 의미가 있다.

오늘날의 경제는 더 이상 상품의 대량생산에 기초한 굴뚝경제가 아니다. "과거 산업경제는 토지, 자본, 상품 등 고전적 경제요소를 기반으로 삼았지만 오늘날은 사람과 장소가 결정적인 역할을 하는 창조적 경제의 시대"라고 플로리다 교수는 역설하고 있다.

창조적 경제에서 가장 중요한 것은 다름 아닌 문화이다. 문화를 만드는 것은 바로 사람이다. 문화는 자연 상태를 벗어나 인간이 자신의 땀과 영감, 창조적 노동을 투입해 이루어낸 소산이다. 자연이 신의 영역이라면, 문화는 인간의 영역이다. 문화는 그래서 인간의 창조행위의 결과물이다. 따라서 문화산업은 창조적인 산업이며, 창조적 경제의 토대가 될 수밖에 없다. 영국에서 문화산업을 '창조적 산업'(creative industry)이라고 부르는 것은 이 때문일 것이다.

문화는 창조성에 기반하고 있으므로 문화산업은 창조적인 산업이다. 문화상품은 인간의 창의성과 감성이 깃든 창작품이다. 문화의 산업경제적인 측면과는 별개로, 사실 문화는 인간 사회를 인간답게 만들고 창조의 기쁨을 준다는 점에서 이미 충분히 중요하다. 창조는 새로운 것을 만들어내는 작업이기에 틀에 박힌 공정이나 대량 판박이작업을 의미하지는 않는다. 그래서 문화는 다양성을 자양분으로 한다. 비슷한 생각, 똑같은 의견을 강요하는 전체주의적인 사회에서는 결코 풍요로운 문화가 꽃필 수 없다.

　그런 관점에서 본다면 문화가 발전한 나라는 관용과 다양성이 뿌리를 내리는 민주적인 사회이다. 전체주의적 국가관이 지배하던 히틀러 치하나 무솔리니 집권하에서 창조적인 문화사조가 발현되지 않았던 것은 당연한 귀결이었다.

　다양한 생각의 공존과 파격적으로 틀을 깨는 창조적 발상으로부터 창조적인 문화가 나올 수 있다. 플로리다를 중심으로 한 일단의 연구그룹은 여러 가지 실증적 연구를 통해 문화적인 다양성과 차이에 대한 관용이야말로 창조의 기반이라고 결론지었다.

　한편 창조의 속성은 기쁨이다. 창조적인 행위는 인간에게 기쁨을 가져다주기 때문이다. 창조적인 문화는 인간을 풍요롭게 해준다. 성경의 창세기를 보면, 천지창조가 이루어지던 7일 동안 매일매일의 창조가 "야훼께서 보시기에 좋았더라"라는 말로 끝나는데, 이것이 바로 창조의 기쁨이다.

문화는 경제성장의 동력이기 이전에 인간에 의한 창조의 산물이며, 인간에게 기쁨을 가져다준다. 문화 없는 삶이란 생각조차 할 수 없다. 이런 문화가 산업과 결부돼 고부가가치를 창출하고 새로운 성장동력이 될 수 있다면 금상첨화일 것이다. "문화는 산업이 아니다"라는 관점은 구태의연한 전통적 패러다임이다. 이제 문화는 창조의 기쁨을 주기도 하고, 부(富)를 가져다주기도 한다. 문화는 산업을 부흥시키고 경제를 성장시키는 원천이 되기도 한다. 이것이 21세기의 문화이다.

문화적 가치가 경제발전을 좌우한다

믿기 어려울지도 모르겠지만, 지금으로부터 40여 년 전 한국경제는 아프리카의 후진국 가나와 비슷한 수준이었다. 도대체 비교의 대상조차 안 될 것 같겠지만 이것은 엄연한 사실이다. 『문명의 충돌』이란 베스트셀러로 학계와 독서계에 엄청난 반향을 불러 일으켰던 미국의 석학 사무엘 헌팅턴은 로렌스 해리슨과 공동으로 엮어 펴낸 책 『문화가 중요하다 *Culture matters*』의 서문에 다음과 같이 썼다.

1990년대 초, 나는 가나와 한국의 1960년대 초반 경제자료들을 검토하게 되었는데, 1960년대 당시 두 나라의 경제상황이 아주 비슷하다는 사실을 발견하고서 깜짝 놀랐다. 무엇보다 양국의 1인당 GNP 수준이 비슷했으며 1차 제품

(농산품), 2차 제품(공산품), 서비스의 경제 점유 분포도 비슷했다. 특히 농산품의 경제 점유율이 아주 유사했다. 당시 한국은 제대로 만들어내는 2차 제품이 별로 없었다. 게다가 양국은 상당한 경제 원조를 받고 있었다. 30년 뒤 한국은 세계 14위의 경제규모를 가진 산업 강국으로 발전했다. 유수한 다국적 기업을 거느리고 자동차, 전자장비, 고도로 기술집약적인 2차 제품 등을 수출하는 나라로 부상했다.(중략)

반면 이런 비약적인 발전이 가나에서는 이루어지지 않았다. 가나의 1인당 GNP는 한국의 15분의 1수준이다. 이런 엄청난 발전의 차이를 어떻게 설명할 수 있을까? 물론 여러 가지 요인이 작용했겠지만, 내가 볼 때에는 '문화'가 결정적 요인이라고 생각한다. 한국인들은 검약, 투자, 근면, 교육, 조직, 기강, 극기정신 등을 하나의 가치로 생각한다. 가나 국민들은 다른 가치관을 갖고 있다. 그러니 간단히 말해 문화가 결정적으로 중요하다고 생각한다.

하버드대학의 데이비스 랜드 교수, 『역사의 종말』로 유명한 정치학자 프랜시스 후쿠야마 교수, 「뉴욕 타임스」의 국장 바바라 크로세트, 조지메이슨대학의 세이무어 마틴 리프셋 등 세계적인 학자와 전문가들은 '문화적 가치와 인류발전 프로젝트'라는 심포지엄에서 하나같이 입을 모아 "문화는 정말 중요하다"는 결론을 내렸다. 문화의 중요성은 누구나 인정한다. 하지만 이제는 단순한 중요성의 차원을 넘어 '문화적 가치가 경제발전의 근본적인 동인'이라는 파격적인 주장까지 나오고 있다.

전통적인 고전 사회과학에서는 정치와 경제가 하나를 이루고, 사회와 문화가 또 다른 하나를 이룬다. 사회과학계에서는 "정치는 경제와 직결되고, 사회문화는 또 다른 동전의 양면"이라고 말해 왔다. 하지만 정치발전이나 경제성장에 영향을 미치는 중요한 요인으로 문화적 가치를 꼽고 있는 것은 사회발전을 바라보는 새로운 관점이다.

과연 문화적 가치가 경제발전을 좌우할 만큼 큰 동인이 될 수 있을 것인가에 대해서 쉽게 단정 지을 수는 없다. 하지만 적어도 문화가 경제에 큰 영향을 미친다는 것은 모두가 인정하고 있다. 역사적으로 자본주의가 가장 먼저 꽃핀 곳이 자유주의적인 앵글로 색슨 국가였다는 사실은 우연이 아니다. 또한 어릴 때부터 돈의 소중함과 경제의 중요성을 교육받아온 유대인들은 세계 곳곳에서 경제권을 장악하고 있다.

19~20세기 독일 최고의 석학이었던 막스 베버(Max Weber)도 자본주의를 프로테스탄트 윤리와 결부시켜 설명했다. 자본주의가 서구에서 탄생하고 발전할 수 있었던 것은 서구사회가 합리성에 기반하고 있기 때문이라는 것이다. 특히 베버는 서구문화의 근간이 되는 종교라는 요소가 자본주의 정신과 밀접한 관계에 있다고 주장한다. 베버는 서구사회를 흔들어놓았던 종교 개혁에서 자본주의 정신의 맹아를 찾아낸다. 종교 개혁의 지도자 루터는 세속적인 직업 노동을 '이웃 사랑의 외적 표현'으로 여겼는데 세속적인 직업 활동을 긍정적으로 말했다

는 것 자체가 엄청난 변화였다. 한편 또 다른 종교개혁가 장 칼뱅(Jean Calvin)은 인간의 구원을 전적으로 신의 소관으로 돌리는 예정론을 주창하며 루터보다 더 세속적인 관심을 제시했다. 그에 따르면 누가 어떻게 구원을 받을지는 이미 신에 의해 예정되어 있고 아무도 모르기 때문에 이를 확인하는 길은 현실세계에서 성실하고 금욕적으로 살아 성공을 하는 것뿐이라는 것이다. 결국 프로테스탄티즘에서는 세속적인 성공이 신의 구원과도 같은 것이었다. 프로테스탄티즘의 기본 윤리인 금욕은 경제적인 성공이나 이익 추구를 합법화시켰던 셈인데, 베버는 이런 프로테스탄트의 윤리가 자본주의의 정신과 연결된다는 점을 분명히 한 것이다. 자본주의 발전의 동인으로 프로테스탄티즘이라는 문화적 가치를 꼽았다는 점에서 베버는 문화의 중요성을 앞서 내다본 선구적인 지식인이라 할 수 있다(오늘날 베버는 문화사회학의 선구자로 여겨진다).

요컨대 문화적 가치나 문화적 토양은 사회발전이나 경제성장을 가능하게 하는 배양액 같은 것이라고 할 수 있다. 문화의 시대인 21세기는 땀 흘리며 죽어라 일만 하는 산업역군이 국부의 원동력이 되는 시대가 결코 아니다. 사회 전체가 생산적인 조직문화를 갖도록 해주고 사회 구석구석에서 창조적 영감을 얻을 수 있는 문화환경을 만들어주는 것이야말로 경제 도약의 발판이 될 수 있다. 공부를 잘하기 위해서는 환경이 중요한 역할을 하는 것처럼, 경제발전을 위해서는 문화가 중요하다. 요즘 과학기술계에서도 과학문화의 중요성이 강조되고 있다. 과학기술이 지속적으로 발전하기 위해서는 과학기술을 중요하게 여기고 과학정신이 사회 속에 뿌리를 내리는 과학문화라는 인프라가 절대적으로 필요하기 때문이다. 이처럼 문화는 정치, 교육, 경제 등 모든 영역의 인프라가 되고 있고, 문화 자체가 상품화되고 산업화되기도 한다. 문화콘텐츠의 출발점은 문화를 산업이나 국가경제와 연계시키는 데 있다.

국가의 이름이 브랜드가 되는 시대

현대 산업에서는 기업의 브랜드가치가 중요하다. 브랜드는 곧 품질과 신용이며 또한 투자가치이기 때문이다. 우리나라의 경우만 보더라도 그렇다. 휴대폰은 무슨 브랜드, 냉장고는 무슨 브랜드라는 식으로 각각 품목별로 최고로 치는 브랜드가 있다. 고객들은 그 브랜드의 상품은 다른 제품에 비해 훨씬 고가라도 그만한 가치가 있다고 생각하고 구매한다. 소비자들은 '싼 게 비지떡'이라는 속담이 틀리지 않다고 믿고 있고, 비싼 데에는 그만한 이유가 있다고 생각한다. 가령 김치냉장고만 하더라도 많은 대기업에서 여러 가지 제품이 나오지만 프로주부들은 브랜드 간에는 차별성이 분명히 있다고 말한다. '여자 마음 딤채'라는 식의 고도의 이미지 광고가 가능한 것은 제품의 품질과 그동안 쌓인 브랜드 가치 때문이다.

한 일간지에서 삼성전자 휴대전화 '애니콜'의 국내 브랜드가치가 3조 원을 넘는 것으로 평가됐다는 기사를 접한 적이 있다. 2002년 말 고려대 경영학과의 박찬수 교수가 미국 스탠퍼드대에서 개발한 '이쿼티맵Ⅱ'방식에 따라 애니콜을 평가한 결과, 브랜드 가치가 무려 3조 3천억 원에 이르렀다는 것이다. 2001년에 박 교수가 같은 방법으로 평가했을 때는 2조여 원이었는데 한해 만에 브랜드 가치는 60% 이상 늘어났고, 1998년 처음 평가했을 때와 비교해보면 여섯 배로 성장했다. 박 교수는 "이쿼티맵Ⅱ 방식에 따르면 제품 하나당 판매 마진이 클수록 브랜드 가치가 높아진다"면서 "국내에서 부가가치가 높은 고가의 애니콜 제품 판매가 크게 늘어 브랜드 가치가 급증한 것"이라고 설명했다.

이렇게 기업은 자사의 히트상품을 통해 명품브랜드를 만들고, 이를 통해 기업의 이름 자체도 브랜드 가치를 갖게 된다. 세계적인 기업 소니나 휴렛팩커드 등은 기업의 이름 자체가 엄청난 브랜드 가치를 가진다. 비슷한 성능, 비슷한 사양이라도 소니, 니콘, HP, IBM 등은 훨씬 더 비싼 가격에 팔린다.

화장품이나 명품의 경우 샤넬, 기 라로쉬, 에르메스, 루이뷔통 등의 제품은 그 상표가 갖는 고급스런 브랜드 가치 때문에 모두가 고가품들이다. 보통 고급백화점의 1층은 명품매장들이다. 1층 명품매장에 입점하는 것만으로도 브랜드의 가치를 인정받은 것일 텐데, 서울시내 모 백화점의 경우는 루이 뷔통 매장 출입구를 아예 독립적으로 만들어놓았다. 이것이 세계최고의 고급가방 브랜드 루이 뷔통의 입점조건이었다고 하는데, 고급브랜드의 횡포일지는 몰라도 최고의 브랜드이니까 가능했던 것이다.

그런데 브랜드 가치는 상품이나 기업에게만 해당되는 것이 아니다. 국가명도 충분히 브랜드 가치를 가질 수 있다. 전자제품매장에 가면 중국산이나 말레이시아 OEM방식의 제품은 값이 싼 편이며 국산은 중간 정도이고 일본제 정품은 최고가이다. 무슨 상표, 어떤 제품인가의 차이보다 어느 나라에서 생산되었는가, 어느 나라의 브랜드인가가 우선이다. 전자제품, 카메라 등은 일본제가 대부분 최고가이고, 화장품이나 명품은 프랑스산이나 이탈리아산을 최고로 친다. 가령 '프랑스제'라고 하면 상표가 뭐든 간에 비싸고 세련되었을 것이라는 선입견을 가지게 된다. 이것은 국가명 자체가 브랜드 가치를 가지고 있다는 것을 의미한다.

로마가 하루아침에 이루어지지 않았듯이, 프랑스와 이탈리아의 디자인 산업이나 고부가가치의 명품산업들도 하루아침에 이루어진 것은 아니다. 고부가가치의 문화산업은 문화적 토대가 없이는 가능하지 않다. 이들 국가들은 엄청난 문화적 자산을 가진 나라일 뿐만 아니라 문화산업의 잠재력과 가능성을 앞서 내다보고 문화에 대한 적극적인 지원과 투자를 해온 나라이다. 문화강대국들의 국가명은 예외 없이 그 자체가 엄청난 브랜드 가치를 갖고 있다. 이런 것이 가능하기 위해서는 무엇보다도 문화를 사회의 중심적 가치로 두는 고급스러운 사회분위기가 만들어져야 한다. 또한 문화정책에 대한 국가적 배려와 대중적 관심이 필요하며 문화산업에 대한 전폭적인 지원이 있어야 한다.

지금은 국가 간, 민족 간 경쟁이 무한경쟁으로 치닫는 세계화 시대이다. 국가 간의 경쟁이 치열해지면 치열해질수록 국가의 이름이 갖는 브랜드 가치는 무한경쟁에서 강력한 무기가 될 수 있다. 그리고 그 해법은 언제나 문화에 있다. 얼마 전 타계한 현대경영학의 아버지이자 세계적인 미래학자 피터 드러커(Peter Drucker)는 "21세기는 문화산업에서 각국의 승패가 결정될 것이고 최후 승부처가 바로 문화산업이다"라고 단언했었다.

변화하는 사회, 새로운 패러다임

기술과 문화

문화와 기술은 서로 다른 영역처럼 보인다. 하지만 문화와 기술은 동전의 양면과 같다. 문화변동의 근저에 흐르는 근본적인 동인은 기술변동이다. 새로운 기술은 새로운 문화를 만든다. 증기기관은 산업혁명을 통해 자본주의 문화를 태동시켰고, 디지털기술은 디지털문화를 낳았다. 문화를 바로 보는 데 있어서 기술적 요인의 이해는 필수적이다. 특히 과학기술시대의 첨단기술은 부단히 새로운 문화를 만들어내고 있다. 인터넷 기술은 사이버 문화를 만들었고, 엄지족 문화를 만든 것은 바로 휴대폰과 모바일 기술이다. 요컨대 문화현상은 기술 패러다임과 관련하여 바라보아야만 한다.

기술영역에서 주요한 트렌드로 부각되고 있는 융합현상의 예를 통해 기술과 문화의 상관관계를 살펴보기로 하자.

퓨전(fusion), 컨버전스(convergence), 하이브리드(hybrid) 등으로 표현되는 융합현상은 기술영역의 보편적인 현상이다. 또한 융합은 문화예술이나 사회과학에 있어서도 보편화되고 있다. IT(Information Technology, 정보통신), BT(Bio-Technology, 생명공학), NT(Nano-Technology, 나노기술) 등 세 가지 첨단기술영역의 융합을 일컫는 'BINT'라는 신조어도 이제 그리 낯설지는 않다. 서로 다른 학문 간의 공동연구로 이루어지는 학제연구(interdisciplinary studies)도 시대적 유행이다. 일상생활 속을 들여다봐도 퓨전 음식, 퓨전 음악 등 융합현상은 새로운 문화로 자리 잡기 시작했다. 원래 컨버전스의 시작은 기술융합이었지만, 컨버전스는 기술 영역을 넘어 문화현상이 되고 있는 것이다. 이것이 바로 기술의 힘이다.

'새 술은 새 부대에'라는 속담이 있다. 내용과 형식이 서로 상응해야 한다는 것이고, 내용물이 바뀌면 그걸 담는 그릇도 바뀌어야 한다는 뜻이다. 새로운 콘텐츠나 문화는 거기에 맞는 기술이나 미디어에 담겨야 한다. 여기서 우리는 기술과 문화의 관계를 생각해 볼 필요가 있다.

기술은 물질영역이고 문화는 정신영역에 가깝다. 얼핏 기술과 문화는 물질과 정신의 관계처럼 상이하거나 대조적으로 보이지만 사실은 동전의 양면과 같다. 얼굴보다는 마음, 형식보다는 내용, 기술보다는 문화라고 생각한다면 이는 아날로그적인 생각이다. 얼굴과 마음, 형식과 내용, 콘텐츠와 미디어, 기술과 문화는 따로 떼어놓을 수도 없거니와 떼어놓는다고 해도 큰 의미가 없다. 디지털 시대에는 사실 기술과 문화를 기술적으로 구분하는 것조차 쉽지가 않다.

역사의 큰 흐름을 되돌아보면 시대의 문화를 만들어 온 것은 기술이었다. 큰 흐름에서 보면 문화가 기술을 만드는 것이 아니라 기술이 문화를 만든다. '기술결정론'(technological determinism)이라는 사회과학이론을 인용하지 않더라도 새로운 문화를 만들어 온 일차적인 요인은 언제나 기술변동이었다. 사회학 개론서에 보면 문화변동이라는 파트가 있다. 여기에 보면 "문화변동은 사회변동과 같은 맥락이며 문화변동의 3대 요인은 발명과 발견, 문화전파, 문화변용"이라고 되어 있다. 그런데 이 3대요인 중 가장 중요한 것은 바로 발명과 발견이다. 새로운 기기와 원리의 발명과 발견, 즉 과학기술이 문화변동의 제1요인이다.

앞서 언급했듯이 증기기관이라는 기술적 요인은 산업혁명을 가능하게 했고, 산업혁명은 산업사회의 자본주의 문화를 가져왔다. 컴퓨터의 발명은 사회의 정보화를 가능하게 했고, 정보사회의 문화를 정착시켰다. 사이버문화, 디지털문화를 가져온 건 인터넷이나 디지털기술이었다.

첨단기술사회의 화두가 되고 있는 컨버전스는 어떻게 설명할 것인가? 컨버전스는 기술적 측면이지만 다른 한편으로 보면 문화현상이다. 여러 가지 첨단기술들이 모이고 융합되는 것이 컨버전스이다. 이런 기술융합은 기술을 한 차원 업그레이드시켜 새로운 기술을 낳고 사회문화를 근본적으로 변화시킨다.

일찍이 칼 마르크스는 '기술이 문화를 변동시킨다'는 사실을 갈파하면서 "나에게 풍차를 준다면 당신에게 중세를 주겠다"고 말했다. 여기에 "나에게 증기기관차를 준다면 산업사회를 주겠다"라고 덧붙일 수 있을 것이고, 이것을 현시대에 적용해본다면 "컴퓨터를 준다면 정보사회와 세계화를 주겠다"라고 할 수도 있을 것이다.

전신 문화, 전화 문화, 무선호출기 문화와 휴대폰 문화는 각각 근본적인 차이가 있다. 문화의 차이는 뒤집어보면 곧 기술의 차이다. 물론 기술이 발달한다고 문화가 동시에 발달하는 것은 아니고, 발전된 기술문화가 문화적으로 반드시 우월한 것도 아니다. 하지만 분명한 것은 기술변화가 문화변동을 가져온다는 사실이다.

기술적, 문화적 융합이 시대의 흐름이 되고 있는 오늘날은 '컨버전스의 시대'이다. 컨버전스는 디지털형 문화와 잘 어울리며 지금 사회와도 코드가 맞다. 컨버전스 패러다임은 여기저기 하청을 줘서 만든 부품들을 모으고 조립하는 산업시대의 패러다임과는 본질적으로 다르다. 산업혁명이 불러온 사회의 패러다임은 분업이었고, 그래서 전문화가 중요했다. 한 우물을 파고 기술 하나에만 매달리다 보면 그 분야에서 성공할 수 있었고 그 기술의 대가가 될 수도 있었다. 분업은 사회발전과 맥을 같이 했고 각 분야 전문가들에 대한 수요를 불러왔다.

하지만 이런 패러다임에 기초한 사회는 한계에 부딪혔다. 과학기술영역도 마찬가지였다. 개별적인 기술과 개별적인 영역에서의 발전은 가능했지만 기술과 기술의 결합을 통한 상승발전은 없었던 것이다. 학문도 예외가 아니었다. 이제 우리는 여러 가지 기술이 융합돼 하나의 새로운 기술을 만들고, 서로 다른 학문 분야들이 협동연구를 해야 하는 환경을 맞고 있다. 첨단기술영역에서 IT와 BT가 결합해 BIT(생명정보기술)라는 새로운 기술영역이 생기고, NT와 BT가 결합돼 NBT(나노생명기술)라는 새로운 영역이 나타났다. 학계에서도 순수학문, 전통학문보다는 두 가지 이상의 영역이 교차하고 융합되는 학제영역이 각광받고 있다. 언제부터인가 한국학술진흥재단도 연구비 지원에 있어서 '학제연구'(interdisciplinary studies)를 우대하고 있다. 철학자, 사학자, 문학가, 사회학자, 정치학자가 어우러져 대형 연구과제를 수행하는 것은 이제 일상적이다. 학문과 학문 간의 융합에 의해 새로운 연구 분야가 탄생하기도 하고 대형연구를 위해서 다양한 학문 간의 연구 컨소시엄을 구성하기도 한다. 가령 이과계열에서는 수학과 물리학 사이에서 물리수학, 화학과 물리학 사이에서 물리화학이 생겨났고, 문과계열에서는 문화와 경영 사이의 문화경영학이나 영상과 인류학 사이의 영상인류학 등 새로운 영역들이 나타나고 있다. 이공계와 인문사회학의 공동연구도 충분히 가능하다. 디지털문화콘텐츠학은 디지털공학과 문화콘텐츠의 결합이며, 과학사회학은 과학기술과 사회학 간의 학제연구이다. 과거에는 사회학이면 사회학, 정치학이면 정치학, 이렇게 비슷한 사회과학 내에서도 분리의 벽이 높았고 개별학문 간의 교류나 협동연구는 거의 전무했었다. 하지만 지금은 복잡다기한 세상을 단일학문으로 분석한다는 것이 불가능하다는 것을 모두가 인식하고 있다. 몇 해 전 캐나다 토론토대학 종신교수로 있다가 모교인 서울대 교수로 임용된 홍성욱 교수는 자신의 최근 저서 『하이브리드 세상 읽기』(안그라픽스, 2003)를 통해 창의성의 근원으로서의 '잡종'(hybrid)이라는 개념을 들고 나왔다. 이 책의 부제도 '잡종교수의 문화에세이'라고 달려 있다. 그는 '떠돌이'나 '역마살' 그리고 '짬뽕' '박쥐' 등으로 폄하되어 왔던 개념들을 새롭게 조망하면서 '노마드'나 '하이브리드'는 다른 문화와 다른 사상들과 자유롭게 소통하며 새로운 가능성을 발견할 수 있는 열쇠라고 주장했다. 이런 그의 주장은 퓨전과 컨버전스, 학제연구 등의 새로운 트렌드와 정확하게 맥을 같이 하고 있다. 서로 다른 사고, 개념, 아이디어, 기법, 방법론, 경향, 철학, 사상의 만남은 잡탕스런 혼란이 아니라 오히려 창의성의 근원이 될 수 있다는 것이다. 디지털콘텐츠나 인문콘텐츠, 문화콘텐츠 등도 결국은 영역 간의 퓨전과 학제연구에 의해 만들어진 새로운 영역이며, 컨버전스로 대변되는 문화적인 트렌드를 그대로 반영하고 있다.

이제 분업보다는 협업이 중요해지고 있고, 한 가지 기능보다는 다기능 멀티플레이어가 중요하다. 지금까지 '분야라는 용어로 분리되었던 각각의 영역들은 빠르게 서로의 벽을 허물고 있고 경계를 없애고 있다. 경계를 넘나드는 포스트모더니즘의 세계도 일종의 '문화적 컨버전스'의 산물이라고 할 수 있다.

컴퓨터의 발명과 발전으로 도래한 정보사회도 기술발전에 따라 계속 새로운 패러다임과 문화를 만들어 내고 있다. 또 다른 대표적인 예가 '유비쿼터스(ubiquitous) 컴퓨팅'이다. 원래 신학용어였던 '유비쿼터스'는 '편재하는, 어느 곳에나 존재하는'이라는 의미를 갖고 있는데, 오늘날에는 신이 시공간을 초월해 존재하듯 컴퓨터가 어느 곳에나 존재하는 환경을 뜻한다.

주지하다시피 최초의 컴퓨터는 메인프레임이었다. 값비싼 대형 컴퓨터 한 대를 여러 사람이 단말기로 연결해 쓰는 것이었다. 기술발전으로 칩에 더 많은 트랜지스터를 집적하게 되면서 열렸던 개인용 컴퓨터(PC)의 시대는 21세기에 접어들면서 저물고 있다. 전문가들은 UC, 즉 유비쿼터스 컴퓨터 시대의 도래를 예견하고 있다. 과거의 정보혁명은 컴퓨터 속에 사무실과 쇼핑몰, 도서관을 집어넣었다. 그렇게 해서 만들어진 것이 사이버스페이스요 온라인공간이었다. 하지만 똑같은 컴퓨터 기술에 기반을 두면서도 유비쿼터스 혁명은 정보혁명의 패러다임과는 근본적으로 다르다. 유비쿼터스 혁명은 물리적 공간 속에 컴퓨터를 집어넣는 것이다. 세상의 모든 사물에 컴퓨터 칩이 내장되고 이것이 네트워크로 연결된다면 온-오프라인의 구분은 없어질 것이고 고전적인 공간 개념은 사라질지도 모른다. 그러면 새로운 환경, 새로운 문화가 우리 앞에 나타나게 될 것이다. 디지털 컨버전스는 바로 이런 유비쿼터스 사회에 맞는 기술환경이다.

디지털 컨버전스에서는 휴대성, 편재성(ubiquitity), 용량(capacity), 호환성(interoperability), 조작성(control) 등이 중요한데, 결국 기술발전과 기술융합이 새로운 문화를 빚고 있는 것이다.

아날로그 기술은 아날로그 문화를 낳고, 디지털 기술은 디지털 문화를 낳는다. 컨버전스 기술은 컨버전스 문화, 유비쿼터스 문화를 가져온다. 문화적인 변화와 트렌드의 변동을 읽기 위해서는 기술변화에 대한 이해가 선행되어야 한다. 흔히 트렌드라고 하면 '요즘 한창 유행하는 것'이라 생각하지만, 원래 트렌드는 현재의 유행이 아닌 '변화의 방향'을 의미한다. 트렌드는 경제용어로 '계절변동이나 경기순환 등의 단기변동을 초월해서 지속되는 장기적인 경향'을 의미하며, 추세변동 또는 경향이라고도 한다. 따라서 트렌드를 파악한다는 것은 미래를 예측하고 분석한다는 것이다. 변화는 기술로부터 시작되어 문화변동으로 이어지기 마련이므로 기술변동을 추적하다보면 문화의 변화가 보이게 된다. 기술과 문화는 분리될 수 없다. 컨버전스는 그래서 기술이면서 동시에 문화인 것이다.

요즘 기업이미지 광고의 카피 중에 '기업이 문화를 만든다'는 문구가 있다. "설마 그럴까?" "좀 과장이다"라고 생각할 수도 있겠지만 역시 큰 틀에서 보면 맞는 이야기이다. 기술의 주체가 기업이고 자본주의적 생산의 주체가 기업이니 만큼, 기업이 세상을 이끌어 가고 있고 이렇게 해서 만들어지는 기술들이 새로운 문화를 만든다고 보는 것은 옳다. 기술에 대한 이해 없이는 문화현상을 이해할 수 없다. 이제 문화도 기술적인 관점에서 바라볼 필요가 있고 또 그래야만 문화를 제대로 이해할 수 있다.

비트가 지배하는 디지털세상

디지털시대는 이미 오래 전에 도래했다. '디지털'이라는 용어는 이제 더 이상 낯설지 않다. 디지털은 현대인의 삶의 일부가 돼 버린 것이다. '디지털' 하면 "뭐? 돼지털이라고?"하던, 한때 항간에서 떠돌던 우스개 소리가 더 이상 웃기지 않은 그런 세상이다.

디지털의 전도사로 불리는 니콜라스 네그로폰테 교수는 "21세기는 비트(bit)가 지배하는 세상이 될 것"이라고 예견했다. 세계의 최소단위는 이제 원자(atom)가 아니라 비트라는 것이다. 미국 MIT 미디어랩을 만든 장본인이기도 한 네그로폰테 교수는 1995년에 출간한 『디지털이다 *Being digital*』에서 프랑스 알프스 산맥에서 생산되는 에비앙(Evian)생수를 화두로 아톰과 비트의 차이를 설명하며 세계가 디지털화될 수밖에 없는 이유를 다음과 같이 설명했다.

"알프스의 빙하수가 생수 한 병이 되기까지는 수많은 사람들의 땀과 노력이 필요하다. 이렇게 알프스 산맥에서 대서양을 건너 자신의 책상 앞에 놓여지는 에비앙 생수가 아톰(원자, 물질)이라면, 영국의 파운드화는 비트로 변환되어 자신의 계좌로 이체된다. 생수 한 병이 만들어지기 위해서는 이렇게 많은 사람들의 손을 거쳐야 하지만, 비트 경제에서는 스위치 조작한 번, 마우스 클릭 한 번으로 수십 억 달러의 가치가 이전되기 때문에 세계는 결국 디지털화될 수밖에 없다."

디지털은 아날로그보다 훨씬 우수하고 경제적이다. 비트로 이루어지는 정보나 지식은 물질로 만들어지는 상품보다 더 큰 부가가치를 창출한다. 미래 산업으로 각광받는 문화콘텐츠 산업의 출발도 디지털콘텐츠였다. 콘텐츠가 상품이 될 수 있었던 것은 무엇보다도 디지털 기술 덕분이었다. 아날로그 시대에는 재화(goods)나 용역(service)만이 상품이 될 수 있었다. 무형의 비트나 정보가 지식상품이 된다는 것은 산업시대에는 상상조차 할 수 없었다. 하지만 지식정보사회에서 상품이나 가치의 개념은 다르다. 상품경제의 패러다임 변화(Paradigm Shift)를 맞고 있는 것이다.

분명한 것은 디지털시대는 이미 현실이고 앞으로도 계속되리란 것이다. 50년 전 우리는 만화 영화 아톰을 보며 우주와 미래를 꿈꾸었다. 하지만 지금의 아이들은 디지몬 어드벤처, 파워 디지몬, 디지몬 프론티어 등의 만화들을 보며 디지털 세계에 탐닉하고 있다.

거듭 강조했듯이, 기술의 변화는 문화의 변화를 낳는다. 또한 문화의 변화는 감성의 변화를 가져온다. 과연 디지털 세계라는 것이 가능한지는 철학적으로 여전히 의문이지만 그래도 디지털은 현실이고 디지털문화 역시 현재진행형이다.

디지털시대의 기술과 예술

문화콘텐츠란 말 이전에는 '디지털콘텐츠'란 말이 상용화되었다. 모든 것이 디지털화의 기반에서 이루어지는 정보사회에서 디지털의 기술적 우월성과 중요성은 말할 것도 없었고, 이와 함께 사람들은 콘텐츠의 가치에 주목하기 시작했던 것이다. 또한 급속도로 발전해온 디지털 테크놀로지에 힘입어 콘텐츠의 디지털화가 이루어지면서 '디지털콘텐츠'라는 말이 정착되었던 것이다. 그 후 콘텐츠의 외연이 넓어지고 테크놀로지와 문화의 결합이 강조되면서 문화콘텐츠산업이 새로운 유망 트렌드로 부각되었다. 정부도 6개의 첨단미래산업기술, 즉 6T에 문화기술(CT: Culture Technology, 문화콘텐츠기술)을 포함시켰다. 6T란 IT, BT, NT, ET(Environment Technology, 환경공학기술), ST(Space Technology, 우주기술) 그리고 CT를 말한다.

디지털은 우리의 일상이다. 카메라만 하더라도 그렇다. 얼마 전까지만 해도 디지털카메라는 해상도가 수동카메라에 비해 많이 떨어졌기 때문에 아마추어용이었고 전문가들에게는 장난감 취급을 받았다. 하지만 이제는 일간지의 사진기자들도 디지털카메라를 사용하고 있다. 캠코더도 디지털 캠코더가 상용화된 지 오래되었다. 더구나 6mm 디지털 캠코더가 보편화되면서 VJ(비디오 저널리스트)라는 새로운 직업이 나타났고 1인 영상물 제작시대가 열렸다. VJ는 기술 발전에 힘입어 혼자서 PD와 리포터와 카메라 기사의 역할을 동시에 할 수 있게된 것이다. 그렇다고 디지털 카메라나 디지털 캠코더가 아날로그 미디어에 비해 해상도가 떨어지는 것도 아니다. 이제 해상도의 문제는 충분히 테크놀로지로 극복할 수 있다. 앞으로그 격차는 더 좁아질 것이고 오히려 디지털매체가 아날로그매체를 기술적으로 앞설 것이다. 이쯤 되면 기술의 위대함과 그무한한 가능성에 우리는 새삼 경의를 표하지 않을 수 없게 된다. 정보기술은 때로는 개인의 프라이버시를 침해하거나 사생활을 노출시키는 등 예기치 않은 부작용을 동반하지만 기술의역사는 불가역적이다. 과학기술의 시대에는 테크놀로지가 노정한 문제점을 테크놀로지를 통해 극복할 수밖에 없다.

디지털시대가 본격화되면서 고전적인 예술과 미학 영역에서도 큰 변화가 생겼고 전혀 새로운 영역들도 나타나고 있다. 디지털 미학, 유비쿼터스 미학 등이 그것이다. 붓과 물감으로캔버스에 그림을 그리면서 거리를 두고 감상하는 것이 진정한예술이라 믿었던 것이 기존의 미학적 관점이었지만 그것으로디지털기술에 의한 작품을 해석하는 데는 이제 한계가 있다.

카메라가 등장했던 초기에는 사람의 땀과 노동이 들어가지않고 셔터 클릭만으로 작품을 만들어내는 사진을 예술이라고생각하지 않았다. 하지만 카메라를 다루는 기술이 진화함에 따라 기술적 완성도가 높은 사진들이 나타났고, 1970년대에 이르러서는 사진도 떳떳하게 예술의 한 장르로 대접받기 시작했다.

최근 새로운 영역으로 부상한 디지털 이미지도 마찬가지의 과정을 거치게 될 것이라고 충분히 유추해 볼 수 있다. 영화기술 중에는 소련의 에이젠슈테인 등의 감독에 의해 만들어진 '몽타주'(montage)라는 편집기술이 있다. 몽타주는 '조립, 합성'등의 의미를 가진 프랑스어로, 사실적인 장면의 모사(模寫)인 필름을 자르고 편집하는 영화기술을 말한다. 즉, 몽타주를 통해 예술적 완성도를 높인 영화작품을 만드는 것이다. 기술의 도움으로 예술은 더 완성도를 높여나갈 수 있었다. 하지만 이 경우, 몽타주라는 편집기술은 촬영된 필름을 잇고 잘라서 편집할 뿐 필름의 내부를 건드리지는 않는다. 필름의 내부는 예술의 영역이고 외부는 기술의 영역이었다.

하지만 디지털 이미지에서는 모든 것이 달라진다. 내부의 이미지 자체를 편집할 수 있게 된 것이다. 이제는 기술적 영역이 전면화되었으며, 그렇다 보니 내부와 외부의 구분도 모호해질 수밖에 없다. 디지털 이미지도 캡처나 포착, 촬영에 의해 현실적인 모습을 반영하는 것이므로 사진과 큰 차이가 없어 보이지만, 사실 그 이미지는 0과 1이라는 비트로 구성되는 디지털 처리의 결과물이다. 그러므로 디지털 이미지는 전자 이미지인 사진이나 영화와는 근본적으로 다르다. 디지털은 물질적 단위인 원자가 아니라 탈물질적(脫物質的)인 비트에 기반하므로 아날로그와는 차원이 다르다. 이 때문에 디지털 영역에서는 새로운 예술관과 미학이 필요하다. 디지털 영역에서는 기술이 점점 더 사람의 노동을 대체하게 되므로 사람의 땀과 노동이 예술적 창작품을 만들어낸다는 고전적인 개념을 더 이상 고집할 수 없게 된다. 기술이 예술을 대체하고 잠식하고 있다는 비판론도 가능하겠지만 그보다 디지털시대에는 기술과 예술의 통합이 가능하다는 낙관론을 수용하는 것이 발전적인 관점일 것이다. 디지털 미학도 그런 관점에서 보면 인간미학의 지평을 한층 넓혀주고 있는 것이다.

미디어와 콘텐츠

문화예술과 과학기술, 도무지 어울릴 것 같지 않은 조합 같지만 오늘날 이 둘은 불가분의 관계이다. 특히 고부가가치의 문화산업일수록 과학기술 의존도는 더 높아진다. 화려한 무대장치, 특수조명, 컴퓨터그래픽(CG)이나 특수효과 같은 영화의 포스트프로덕션 등은 문화예술의 가치를 높이고 있는 첨단과학기술의 구체적 예이다. 기술과 예술은 서로 평행선을 달리고 있는 것이 아니라 서로 한 방향을 통해 수렴되어가고 있다. 따라서 현대는 기술적 측면을 도외시하고는 예술적 완성도를 추구하기 어려운 시대이다.

과학기술계에서는 21세기를 '과학기술의 시대'라고 하고, 인문사회계에서는 '문화의 시대'라고 한다. 둘 다 맞는 이야기이다. 문화와 과학기술은 상반된 영역이 아니기 때문이다. 이제는 통합적인 안목이 필요한 시기이다. 사회과학적으로 보자면 과학도 문화의 한 부분이다. 어쨌거나 문화는 과학을 필요로 하고 있고, 과학은 문화에 의존하고 있다. 예술과 기술, 문화와 과학은 서로 상반된 분야처럼 보이지만, 원래 이 둘은 하나였고 그러하기에 다시 조화되고 융합되어야만 한다.

혼히 예술과 과학이 별개라고 생각하기 쉽지만, 문명사를 거슬러 올라가면 고대의 예술은 과학과 같은 영역이었다. 과학에 해당하는 그리스어는 '에피스테메'(episteme)인데 이는 신념이나 개인적 의견(doxa)과 구별되는 참된 지식을 가리키는 말이다. 아리스토텔레스는 자신의 저서『형이상학』에서 에피스테메를 크게 테오리아(theoria), 프락시스(praxis), 포이에시스(poiesis) 등 3가지로 나누었다. 테오리아는 '관조'를 뜻하며 이론적 지식을 말한다(여기에서 나온 말이 이론(theory)이다). 프락시스는 칼 마르크스가 특히 강조하던 용어였는데, '행위나 실천'을 뜻한다. 윤리나 가치관, 정치와 관계된 지식이나 실천이 여기에 해당한다. 포이에시스는 '제작 또는 만듦'을 뜻하는데, 예술이나 기술에 해당하는 지식이다.

한편 그리스어 테크네(techne)는 물건이나 작품을 만드는 능력을 뜻한다. 인간의 행위나 이를 통해 얻어지는 지식으로는 프락시스와 테크네가 있다. 이 중 프락시스는 인간이 인간이나 사회에 대해 행하는 행위나 지식을 가리키므로 인문사회학의 영역이라고 볼 수 있고, 테크네는 인간의 자연에 대한 행위, 기술 및 지식이므로 과학기술에 해당한다. 테크네에서 나온 말이 바로 테크놀로지(technology)이다. 하지만 어쨌거나 관조나 행위, 제작은 모두가 과학이라는 한 뿌리에서 나온 것이다.

'참된 지식'을 가리키는 '에피스테메'로부터 '에피스테몰로지'(epistemology), 즉 인식론이 나온다. 인식론은 프랑스 인식론의 대가 가스통 바슐라르가 말했던 '과학의 과학'(science de science)이다. 결국 참된 지식이나 진리의 세계에서는 이론과 실천과 기술이 서로 연결될 수밖에 없는 것이다.

영어나 프랑스어의 art는 '예술'이라고도 번역되고, '기술'이라고도 번역된다. 이는 원래부터 예술과 기술이 구분되지 않았음을 뜻하는 것이다. 미의 표현은 예술이지만, 표현을 위해서는 기술이 필요하다. 기술을 기반으로 하지 않는 예술은 사상누각일 수밖에 없다. 그렇다면 오늘날의 과학기술과 문화예술도 다시 원래의 정신으로 돌아가 융합될 때 본연의 모습을 찾을 수 있을 것이다. 요즘 우리는 기술과 문화예술의 뚜렷한 융합현상을 목도하고 있는데, 이것은 자연스런 현상이다. 미디어아트나 하이퍼 문학, 디지털 스토리텔링 등이 그러하다. 융합에 기반을 둔 이런 문화콘텐츠는 말 그대로 문화예술과 과학기술의 결합을 통해 나타난 콘텐츠이다.

그렇다면 콘텐츠란 무엇인가? 물론 영어에서의 콘텐츠(contents)는 '내용이나 목차'라는 의미의 단어이다. 우리 일상에서도 콘텐츠란 말은 너무나 자주 쓰인다. 심지어 나이트 클럽 홍보물에도 '차별화된 콘텐츠로 여러분을 모시겠습니다'라는 표현이 쓰인다. '내용'에 해당되는 것이 콘텐츠겠지만 문화콘텐츠, 인문콘텐츠, 디지털콘텐츠라는 용어에서의 콘텐츠가 과연 단순한 내용물을 이야기하는 것일까?

콘텐츠는 단순한 내용물이 아니다. 결론부터 말하자면 콘텐츠는 '테크놀로지를 전제로 하거나 테크놀로지와 결합된 내용물'이라고 할 수 있다. 원론적으로 콘텐츠는 미디어를 필요로한다. 바꾸어 말하면 미디어는 기술의 발현물이다. 텔레비전이라는 미디어는 기술의 산물이지만 여기에는 프로그램 영상물이라는 콘텐츠를 담고 있으며, 책이라는 기술미디어에는 지식콘텐츠를 담고 있다. 당연한 이야기겠지만 디지털기술은 디지털콘텐츠를 동반한다. 결국 미디어와 콘텐츠는 분리될 수없는 변증법적인 결합물이다. 일찍이 미디어평론가 마샬 맥루언이 "미디어는 곧 메시지다"(The Medium is the message)라고 갈파했던 것은 그야말로 한 시대를 앞서 내다본 탁월한 예견이었다. 이처럼 미디어와 콘텐츠는 동전의 양면이다.

요즘 학계를 보면 부쩍 '콘텐츠'가 주요한 화두가 되었고, 콘텐츠관련 학회나 심포지엄도 점점 많아지고 있다. 물론 학계의 담론은 산업계의 수요를 어느 정도 반영하고 있다. 아무리 대학이 진리의 상아탑이라고 하더라도 사회와 고립된 지고지순한 진리란 없다. 대학은 연구만 하는 곳이 아니다. 사실연구는 산업과 무관하지 않다. 여하튼 시대가 시대이니만큼콘텐츠의 중요함은 새삼 강조할 필요가 없어 보인다. 전통적인 문화산업으로는 한계가 있으니까 문화콘텐츠산업을 육성하자는 것이고, 인문학의 위기상황에서 이를 타개하기 위해 인문학계가 능동적으로 시대적 흐름에 부응해 인문콘텐츠의 중요성을 부각시키고 있는 것이다.

과학기술계에서도 하이테크 첨단기술에만 안주하지 않고 '과학콘텐츠'나 '과학문화콘텐츠'를 이야기하고 있다. 모두 시대적 변화와 사회적 환경에 부응하는 논의들이다.

콘텐츠는 중요하다. 그런데 콘텐츠만 강조하는 것은 의미가 없다. 콘텐츠가 본질적으로 내용이기는 하지만, 그것은 결국 미디어라는 형식이나 도구를 빌어 표현될 수밖에 없기 때문이다. '형식이 중요한가, 내용이 중요한가'를 따지는 것은 닭과 달걀 중 어느 것이 먼저인가를 따지는 것만큼이나 소모적이다.

결론은 '둘 다 중요하다', 즉 형식도 중요하고 내용도 중요하다는 것이다. 얼굴보다는 마음이 중요하다고들 하지만 그래도 얼굴을 보지 않을 수는 없기 때문에 얼굴도 충분히 경쟁력이 될 수 있다. 경험의 법칙으로 미루어보면, 오히려 먼저 눈에 들어오는 것은 첫인상이다. 그래서 40대 이후의 인상은 본인 책임이라고들 하지 않는가.

미디어는 콘텐츠를 표현하고 실현하는 최종창구

문화도 마찬가지이다. 문화의 내용이나 콘텐츠는 중요하지만, 일반적으로 사람들은 문화를 향유할 때 콘텐츠를 선택하기에 앞서 미디어를 먼저 결정한다. '전쟁물, 공포물을 감상할까? 아니면 멜로나 판타지를 감상할까?'를 먼저 결정하는 것이 아니라 '영화를 볼까? 연극을 볼까? 아니면 TV를 볼까?' 하는 선택이 먼저라는 것이다. 그런 다음 영화를 볼 거라면 어떤 개봉영화를 볼까를 결정한다. '어떤 내용인가?'도 중요하지만 그보다는 '어떤 형식인가?'가 먼저이다. 스토리만 좋으면 뭐를 만들어도 된다는 생각은 시대착오적이다.

가령 「태극기 휘날리며」나 「실미도」라는 대중적인 흥행물은 영화라는 미디어를 통해 메시지를 전달하고 있다. 「태극기 휘날리며」나 「실미도」는 책으로 읽을 수도 있고, 연극으로 감상할 수도 있다. 하지만 흥행에 성공한 것은 영화라는 미디어였다.

여기서 중요한 것은 '어떤 미디어를 통해 메시지나 콘텐츠를 접하는가' 하는 것이다. 아무래도 영화로 생생한 감동을 느끼는 「태극기 휘날리며」와 차분히 책장을 넘기며 감상하는 『태극기 휘날리며』 사이에는 수용자의 입장에서 보았을 때 큰 차이가 있다. 맥루언은 미디어의 차이가 메시지 수용의 차이로 나타나고 이는 다시 인간 감각 활용의 차이로 나타난다는 사실을 분명히 해주었다. 매년 있는 대통령의 연두회견 메시지도 그것을 TV를 통해 보고 듣는 것, 신문으로 읽는 것, 라디오로 듣는 것에 따라 각각 차이가 있다. 감각을 활용하는 것은 콘텐츠보다는 미디어와 관련이 있다. 따라서 미디어의 차이는 단순한 도구의 차이가 아니라 메시지의 수용과도 연결된다. 마샬 맥루언은 이 때문에 미디어의 중요성을 갈파하면서 '미디어가 곧 메시지'라고 결론지었던 것이다.

요컨대 미디어는 단순한 기술이나 도구가 아닌, 콘텐츠를 표현하고 실현하는 최종적인 창구라는 것이다. 콘텐츠가 아무리 좋아도 이를 문화·예술적으로 완성시켜줄 미디어기술이 없으면 콘텐츠는 대중적인 반향을 불러일으킬 수 없고 부가가치를 창출할 수도 없다.

이런 예도 가능하겠다. 학자나 교수들에게는 학술논문이 중요하다. 대학교수채용이나 재임용 심사에서 가장 큰 비중을 차지하는 것은 연구업적이기 때문이다. 자연계의 경우는 특히 SCI(Science Citation Index)논문이 중요한데, SCI논문이란 결국 대부분 영어권 학술지 논문을 말한다. 물론 논문의 내용이 우선이겠지만 그 논문이 어느 매체(즉, SCI등재 잡지인가 아닌가)에 게재되고 또 어떤 언어로 발표되는가도 매우 중요하다는 것이다. 자연과학의 경우 최고의 권위를 가진 학술지는 영국에서 발행되는 『네이처 *Nature*』지(誌)와 미국과학진흥협회(AAAS)에서 발간하는 『사이언스 *Science*』지이다. 과학연구의 경우는 세계적인 성과는 영문학술지인 이 두 저널을 통해 발표된다. 영어로 논문을 쓴다고 그 내용이 달라지거나 내용의 품격이 높아지는 것은 아닐 것이다. 하지만 영어논문과 한글논문은 결과적으로 큰 차이가 있다. 그렇다면 영어는 단순히 언어에 불과한 것은 아니지 않은가. 언어는 커뮤니케이션의 도구이지만 어느 언어로 내용을 발표하고 표현하는가도 매우 중요하다는 것이다.

미식의 경우도 마찬가지다. 가스트로노미(gastronomie, 미식)에서 가장 중요한 것은 맛이겠지만 아무리 맛있는 요리라도 그것을 담는 식기가 좋지 않으면 요리의 맛이 돋보일 수 없다. '옷이 날개'라는 말도 같은 맥락이다. 콘텐츠에 날개를 달아 비상(飛上)할 수 있게 해주는 것은 역시 미디어이다.

거꾸로 미디어가 기술적으로 아무리 뛰어나도 콘텐츠가 부실하다면 그 경우도 제대로 된 작품을 기대할 수 없다. 그래서 미디어와 콘텐츠는 동전의 양면이라는 것이다. 이 둘은 언제나 함께 고려해야 한다. 인문콘텐츠나 문화콘텐츠를 연구하는 사람은 콘텐츠의 질에만 매달릴 것이 아니라 우선은 그것에 맞는 미디어를 잘 파악해야 하고 미디어기술의 동향도 충분히 숙지해야 한다. 거꾸로 미디어기술자들은 그들 나름대로 콘텐츠의 문화적 의미를 제대로 파악해야만 한다.

2004년 정치권은 대통령 탄핵이라는 초유의 정치적 파행을 겪었다. 이후 4·15총선을 거치면서 정치권은 상생(相生)을 이야기하기 시작했다. 미디어와 콘텐츠도 이제는 상생을 지향해야 할 것이다.

인문사회학과 과학기술의 조화와 협력은 그 어느 때보다도 절실하다. 문화와 과학의 연계발전, 문화와 과학의 융합은 시대적 요구이다. 2005년 4월 20일 과학기술부의 수장 오명 부총리와 문화관광부의 정동채 장관은 과학기술부와 문화관광부 두 부처 간의 MOU(상호양해각서)에 서명하고 첨단과학과 문화의 연계발전에 대해 공식적으로 합의했다. MOU의 세부 합의사항을 보면 과학과 예술의 만남 특별공연, 과학기술홍보 대사와 문화콘텐츠 앰배서더 공동추진 등이 포함되어 있는데, 이런 정책적인 트렌드도 사회문화적 변화를 그대로 반영하고 있다.

텔레코즘과 문화콘텐츠

기술은 새로운 산업을 낳고, 산업은 새로운 문화를 낳는다. 물론 모든 문화가 기술이나 산업의 자동적인 산물인 것은 아니지만, 많은 경우 기술은 문화를 동반한다. 그래서 문화적 트렌드를 예측하고 새로운 문화콘텐츠의 발전가능성을 전망하기 위해서는 무엇보다 기술변동에 주목해야 한다. 당분간 앞으로의 커뮤니케이션 문화를 결정짓는 것은 휴대폰과 인터넷이 될 것이다. 이런 관점하에서 텔레코즘(telecosm)이라는 새로운 기술패러다임을 내놓은 사람은 기술예측의 대가인 미래학자 조지 길더(George Gilder)이다.

사실 조지 길더는 이름만으로도 책을 읽게 만드는 몇 안 되는 저술가 중 하나이다. 『메가트렌드』의 저자 존 나이스비트나 영국의 미래학자 이언 피어슨 등과 함께 길더는 기술변동과 미래변화를 가장 정확하게 읽어내는 미래학자의 반열에 올라있다. 최근 그는 『텔레코즘』이란 책을 통해 다시 신기술패러다임을 제시했다.

텔레코즘이란 개개의 컴퓨터 속에 있는 CPU(중앙처리장치)

의 성능보다 컴퓨터들이 연결되었을 때 발생하는 힘이 더 중
요하다는 것으로, 텔레코즘 시대는 인터넷과 휴대폰으로 대표
되는 통신기술을 그 핵심으로 한다. 말하자면 한 통신회사의
광고 카피처럼 '네트워크로 하나 되는 세상'을 말하는 것이다.
1989년 조지 길더는 『마이크로코즘 *Microcosm*』이란 책을 통해
마이크로칩 혁명이 가져오는 새로운 풍요의 시대를 예견했는
데 이번에는 동력혁명, 마이크로칩 혁명에 이은 제3의 '풍요의
시대', 다름 아닌 텔레코즘의 시대를 예측하고 있다.

그가 예견했듯이 20세기의 마지막 10년을 휩쓴 대사건은
인터넷과 휴대폰으로 이어지는 통신기술 혁명이었다. 하지만
진정한 텔레코즘 세상에 대한 그의 전망에 비해 지금의 통신
속도는 대역폭이 너무나 제한적이다. 현재 상용화된 1Mbps의
전송 속도가 제공하는 정보 유통량이 이전에 비해 엄청난 것
이기는 하지만, 초고속통신망 사용자는 아직 전 세계 인터넷
유저의 30퍼센트를 넘지 못하고, 제공되는 속도의 질도 고르
지 않으며, 최근 4~5년간 통신 속도는 거의 제자리에 머물고
있는 실정이다. 'World Wide Web'이어야 하는 인터넷이 아
직 'World Wide Wait'의 언저리에서 머뭇거리고 있는 이유는
무엇일까?

이는 기존 통신 시스템이 가지고 있는 구조적 한계 때문이
다. 길더가 제시하는 통신 속도의 혁명적 변화를 이끌 해답은
'광(光)인터넷'이다. 길더는 광학기술과 무선인터넷 기술을 통
해 대역폭의 체증을 근본적으로 극복할 수 있고, 그 무한대역

폭을 통해 인간 커뮤니케이션이 전 세계적으로, 동시에 그리고 거의 무료로 확장될 수 있을 것이라 주장한다. 조지 길더는 컴퓨터 시대의 종말을 선언하면서 무한 대역폭의 확장을 통해 제약 없는 커뮤니케이션이 가능한 '텔레코즘'의 세상을 예견하고 있다. 길더 자신이 밝혔듯이(『포브스 *Forbes*』 2003년 8월 27일자) 한국은 지금 텔레코즘 세상의 최전방에 서 있다. 때문에 길더의 예견은 충분히 경청할 만하고, 인터넷과 휴대폰 최강국인 우리에게는 자못 희망적이기까지 하다. 텔레코즘은 새로운 문화트렌드와 문화콘텐츠를 만들어낼 수 있는 충분한 기술적 동인이 된다.

최근 새로운 기술환경으로 부상한 와이브로(WiBro, 휴대인터넷)나 DMB도 텔레코즘의 연장선상에서 생각해 볼 수 있겠다. 문화콘텐츠의 새로운 수요를 만들 와이브로나 DMB는 모두 커뮤니케이션 기술의 개가이다. 내 품안의 무한 자유, '호모 포터블리우스'를 위한 휴대인터넷이나 흑백TV에서 컬러TV로 바뀐 이래 최대의 방송혁명이라는 테이크아웃(Take-out)TV, DMB는 엄청난 기술적 변화이다. 이러한 미디어기술의 변화는 새로운 콘텐츠의 가능성을 열어줄 것이다(와이브로와 DMB기술에 대해서는 U-북의 Take-out 첨단지식시리즈인 『훤히 보이는 WiBro』와 『훤히 보이는 DMB』(이상 2005)를 참고하라).

문화콘텐츠 산업은 첨단미래산업

굴뚝 없는 공장, 문화산업

지금으로부터 약 1만 년 전부터 수천 년 동안에 걸쳐 일어난 농업혁명은 인류의 삶을 바꿔놓은 최초의 혁명이었다. 농경을 시작하면서 인류는 이동적인 유목생활에서 벗어나 정착생활을 통해 문명을 이룩할 수 있었기 때문이다. 또한 잉여농산물을 생산하게 됨에 따라 농사를 짓지 않는 비농경인도 먹고 살 수 있는 사회구조를 이루게 되었고, 이 때문에 직업의 분화와 도시의 형성도 가능했던 것이다. 농업혁명 이래 부의 원천은 토지였다. 특히 농경문화권인 중국과 아시아에서는 더더욱 그러했다.

두 번째의 거대한 혁명은 18세기 중반에 일어났던 산업혁명이다. 제임스 와트의 증기기관 발명으로 시작된 산업혁명은 도시화와 공업화를 촉진시켰고 생산력의 비약적인 도약을 가져다주었다. 산업혁명은 사실상의 공업혁명이었고 이로써 공장은 생산의 거점이 되었다. 농업노동자들은 대거 농촌을 떠나 도시로 몰려와 공장노동자로 전화되었다. 산업혁명 이후 부의 원천은 토지와 노동 그리고 자본이었다. 특히 노동과 자본이 경제의 두 축이 되면서 '굴뚝 산업'이 경제의 중심이 되는 전형적인 자본주의 시대가 도래하였다.

우리는 여전히 자본주의 시대를 살고 있다. 하지만 산업구조와 인간의 삶의 양식을 들여다보면 산업혁명 시대와는 근본적으로 다르다. 이미 20세기 중반경에 인류는 컴퓨터의 발명, 정보통신기술의 발전과 함께 정보화 시대를 맞았다. 미국의 석학이자 미래학자인 앨빈 토플러(Alvin Toffler)는 정보화 시대를 '제3의 물결'이라 불렀다. 이를 가능하게 했던 것은 정보화 혁명이었다. 정보화 시대에는 토지, 노동, 자본 등 전통적인 생산수단보다는 '지식이나 정보'가 새로운 가치의 원천으로 부상했다. 21세기 들어 정보화 사회는 또다시 새로운 물결을 맞고 있다.

우리 정부가 이미 새로운 성장동력의 원천을 6T라고 발표했듯이, 이제는 정보화시대를 넘어 첨단기술혁명의 시대로 접어들고 있다. 기술발전의 속도는 상상을 초월할 정도로 빠르다. 이제는 테크놀로지 발전의 추이를 따라 잡기조차 힘든 것이 현실이다. 몇 년 전 한국을 방문했던 토플러는 당시 「동아일보」 오명 회장과의 대담에서 "정보기술과 바이오기술의 융합이 거대한 변화를 몰고 올 것"이라고 전망했다. 미래학자다운 예측이었다.

사회를 변화시키는 원동력이 첨단과학기술임에는 의심의 여지가 없다. 6T 산업은 경제구조를 변화시키고, 생활양식을 바꿀 것이며 새로운 미래를 열어줄 것이다. 6T 중 가장 지식집약적이고 창조적인 기술은 바로 문화콘텐츠기술이다. 문화콘텐츠기술은 "콘텐츠를 제작하는 데 작용하는 '하드웨어', 그것을 운용하기 위해 탑재되는 '소프트웨어', 그리고 콘텐츠의 품질과 차별성을 장려하기 위해 하드웨어와 소프트웨어에 개입되는 '아트웨어'(artware)를 총칭하는 개념이다."(「CT 비전 및 중장기전략수립 보고서」, 문화관광부, 한국문화콘텐츠진흥원, 2005)

Culture와 Technology의 결합으로 이루어진 CT라는 용어에서 알 수 있듯 문화콘텐츠기술은 문화와 과학의 융합을 통한 가치창출이자 과학기술과 사회문화의 연계성에 기반한 기술이다. 그리고 CT에 기반한 산업이 CT산업, 즉 문화(콘텐츠)산업이다. 우리는 문화가 산업의 중심으로 부상하고 있는 문화의 시대에 살고 있다.

문화산업은 무엇이고 왜 중요한가. 우리나라의 경우, 문화산업진흥기본법은 문화산업을 '문화상품의 생산, 유통, 소비와 관련된 산업'이라 규정하고 있고 문화예술진흥법에서는 '문화예술의 창작물 또는 문화예술용품을 산업의 수단에 의하여 제작, 공연, 전시, 판매하는 업'이라고 규정하고 있다. 이런 문화산업은 문화를 소재로 하는 고부가가치 산업이며 복제성이 강하고 시장이 세계적이라는 특징을 갖고 있다. 최근의 산업동향을 살펴보면, 기술개발과 미디어의 발전에 따라 문화산업은 경제성장의 중심축으로 부상하고 있고, 전체산업에서 차지하는 비중뿐 아니라 전 세계적 차원에서의 시장도 점점 커지고 있다.

세계 전체 문화산업의 규모는 2001년에 8,840억 달러, 2003년에는 1조 3천억 달러 규모였고, 2005년 현재는 1조 4천억 달러 정도로 추산된다. 국내문화산업은 약 41조 원(2003년 현재) 정도의 규모이다. 한편 세계문화산업의 연평균성장률은 약 5.2%로 전체경제성장률인 3.2%를 훨씬 웃돌고 있어 문화산업의 규모는 계속 커질 전망이다. 한마디로 문화산업은 21세기의 새로운 엘도라도인 것이다. 오늘날 문화산업은 소위 '굴뚝 없는 공장'으로 표현되고 있다.

문화산업은 산업혁명, 정보화혁명을 거치면서 발달한 제조, 기술 등 하드(hard) 영역과 감성, 예술 등 소프트(soft) 영역의 결합에 의한 고부가가치 산업이다. 땀의 경제, 규모의 경제(economy of scale)를 벗어나 창조성, 감수성, 영감(inspiration)의 경제로 간다면 우리나라도 머지않아 당당하게 선진국 대열에 합류할 수 있다. 문화의 시대에는 문화강국이 곧 산업선진국이기 때문이다.

한편 문화콘텐츠산업은 문화산업 중에서도 콘텐츠에 기반

한 산업을 말한다. 가령 연극, 공연, 영화 등 전통적인 문화예술과 미디어를 기반으로 하는 콘텐츠산업을 포괄한 개념이 문화산업이라면 이 중 콘텐츠가 부각되는 분야를 문화콘텐츠산업이라고 할 수 있다. 물론 문화콘텐츠산업보다는 문화산업이 훨씬 포괄적인 개념이다. '문화콘텐츠산업'은 부가가치유발계수가 높고 기술집약적, 지식집약적인 창조적인 산업을 가리키는 개념이다.

콘텐츠에 대한 개념과 정의

1970년대의 성장동력은 기계나 가전 등 하드웨어(hardware) 산업이었고 1980년대는 소프트웨어(software)의 시대였으며, 1990년대 들어서는 정보통신의 급속한 발전이 성장을 주도했다.

그렇다면 새로운 밀레니엄인 2000년대를 특징짓는 키워드는 무엇일까? 많은 전문가들은 2000년대의 성장동력으로 '문화콘텐츠'를 꼽기를 주저하지 않는다. 모두가 입을 모아 콘텐츠의 중요성을 이야기하고 있다. 교육계에서는 교육콘텐츠, 과학기술계는 과학콘텐츠, 정부는 문화콘텐츠의 체계적 육성을 공언하고 있다.

그렇다면 콘텐츠는 도대체 무엇이고, 콘텐츠산업은 무엇일까? 앞서 간단히 콘텐츠에 대해 생각해 보았지만, 아무래도 콘텐츠를 제대로 정의하기란 쉽지가 않다. 사실 사회과학은 자연과학처럼 객관적인 진리나 법칙을 찾아내는 작업이 아니라 과학적인 방법과 합리적인 합의를 도출해 내는 과정이라고 할 수 있다. 자연과학에는 자연 속에 숨겨진 진리나 법칙이 있고, 그런 진리는 시대와 사회를 초월하는 만고불변의 진리이다. 물은 고려시대에도 100℃에서 끓었고 조선시대나 현대에도 마찬가지이다. 만유인력의 법칙이나 질량보존의 법칙도 어느 시대, 어느 사회에서나 적용되는 보편적 법칙이다. 하지만 사회과학이나 인문학에는 그런 법칙이나 진리가 없다. 사람의 마음을 과학적으로 규명할 수 없듯이 사회도 과학의 잣대로 재단할 수 없기 때문이다. 그래서 인문학이나 사회과학에서는 정의(definition)의 문제가 중요하다.

콘텐츠를 어떻게 정의해야 할 것이며, 문화콘텐츠산업은 어떻게 정의할 것인가? 사람마다 학자마다 정의가 다르기 때문에 인문사회과학에서 어떤 개념에 대한 합의된 정의를 찾는다는 것은 참으로 어렵고, 거의 불가능해 보이기까지 한다. 모든 사람들이 받아들일 수 있는 보편적인 정의를 내릴 수는 없을 것이다. 하지만 그럼에도 불구하고 정의를 내리는 것은 중요하고, 논쟁을 거치면서 통용되는 정의를 찾아내는 작업은 큰 의미를 갖는다.

정의를 제대로 내린다는 것은 그것의 본질과 특성을 제대로 파악했다는 것을 뜻한다. '시작이 반'이라는 속담이 있는데 사회과학자의 입장에서 필자는 "사회과학에서는 정의가 반이다"라고 단언하고 싶다.

보다 쉬운 이해를 위해 책을 예로 들어보자. 누구나 책이 무엇인지는 알고 있다. 하지만 막상 책을 정의해보라고 하면 사람들은 난감해진다. 아는 것과 정의하는 것은 별개의 문제다. 안다고 정의할 수 있는 것은 아니기 때문이다. 물론 정의할 수 없다고 모르는 것도 아니다. 그렇다면 도대체 책이란 무엇인가?

책을 정의하기 위해서는 인쇄가 되어야 책인가, 제본이 되어야만 책인가 아니면 어느 정도 분량 이상 되어야 책인가에 대한 합의(consensus)가 필요하다. 우리는 여기에서 가령 인쇄가 안 된 것은 책이라고 할 수 없는지, 몇 페이지 이하의 적은 분량은 책이라고 할 수 없는지 등등 무수히 많은 의문에 부딪힐 수 있다. 정의는 일종의 사회적 합의이고 약속이다. 『커뮤니케이션 원론』에서는 책(도서)에 대해 '출판의 형식을 빌어 공중에게 제공되는 것으로서 표지를 제외하고 49쪽 이상인 인쇄된 비정기 간행물'이라는 일반적인 정의를 내리고 있다. 왜 그런가? 그냥 그렇게 합의를 본 것이다. 이는 곧 혼자서 필사해 제본한 일기장은 책이 아니라는 것이 되고, 책이 되려면 출판의 형식을 빌어야 한다는 뜻이 된다. 또 49쪽 이하의 간행물은 책이 아니라 브로슈어(brochure) 또는 팸플릿(pamphlet)이라고 부른다.

물론 책의 정의에 대해서는 사람마다 학자마다 이견이 있을 수 있겠지만 그럼에도 불구하고 일반적으로 통용되고 합의에 기초한 정의를 갖는다는 것은 매우 중요하다. 그래야 책에 대한 공통된 인식을 가질 수 있기 때문이다. 사회적 합의가 없는 상황에서 각자의 편의대로 특정한 용어를 사용한다면 제대로 된 커뮤니케이션이 이루어질 수가 없다. 일반적으로 통용되는 당대의 정의를 객관적으로 반영하는 매체는 사전이나 백과사전이다. 사전이나 백과사전의 정의는 공신력과 권위 그리고 합의에 바탕해서 한 시대나 사회에서 통용되는 단어의 의미를 반영한다. 문화콘텐츠나 인문콘텐츠란 말은 사용된 지 오래되지 않은 신조어들이다. 콘텐츠란 단어는 백과사전에 나오지만 문화콘텐츠란 용어는 아직 사전이나 백과사전에 등재되어 있지 않다. 사회적으로 합의된 정의가 부재하기 때문이다.

'콘텐츠'는 영어 단어 콘텐트(content)의 복수형이다. 영어사전을 살펴보면 단수형인 content는 추상적인 의미나 성분의 양을 표시하고 복수형은 대개 구체적인 것을 가리킨다고 되어 있는데, 보통은 복수형으로 사용되며 내용이나 목차를 가리킨다. 그런데 '문화콘텐츠기술'라고 할 때는 Culture & Content Technology라고 쓴다. 혹자는 우리말로 쓸 때 단수로 '콘텐트'라고 표기해야 한다고 주장한다. 왜 영어에서는 Content Technology인데 우리말로는 콘텐츠기술이라고 하는가?

여기에서 영문법이나 어법의 측면에서 올바른가 하는 것은 중요하지 않다. 콘텐츠라는 말이 이미 우리 일상 속에서 상용화되고 있기 때문이다. 콘텐츠라는 말은 워낙 뿌리를 내린 용어라 이제는 백과사전에도 표제어로 나와 있다. 포털사이트 엠파스(Empas)의 백과사전 정의에 의하면 콘텐츠는 '각종 유무선 통신망을 통해 매매 또는 교환되는 디지털화된 정보의 통칭'이라고 되어 있다. 원래는 서적이나 논문 등의 내용이나 목차를 일컫는 말이었지만 이제는 디지털화된 정보를 통칭하게 되었고 가령 인터넷이나 PC통신을 통해 제공되는 각종 프로그램이나 정보내용물, 비디오테이프, CD 등에 담긴 영화나 음악, 만화, 애니메이션, 게임소프트웨어 등이 모두 포함된다는 부연설명도 달려 있다. 그렇다면 콘텐츠는 디지털화된 정보에만 한정되는 것인지, 아날로그 콘텐츠는 콘텐츠가 아닌지 등의 의문들도 제기될 수 있다.

문화콘텐츠가 정책적으로 주목받는 것은 문화콘텐츠가 고부가가치 산업이 될 수 있고 성장동력이 될 수 있기 때문이다. 문화콘텐츠진흥원의 서병문 원장은 2004년 5월에 열린 '과학과 영상예술의 창조적 융합 심포지엄'의 주제발표에서 문화콘텐츠산업을 '문화콘텐츠의 기획, 제작, 유통, 소비 등과 이에 관련된 산업'이라고 정의했고 그 예로 영화, 게임, 애니메이션, 만화, 캐릭터, 음악/공연, 인터넷/모바일콘텐츠, 방송 등을 들었다.

한편 학계의 논의를 살펴보면 아직 문화콘텐츠에 대해 합의된 정의는 부재하며 개념정의에 대한 시도도 그리 많지 않음을 확인할 수 있다. 말하자면 각자가 자신의 입장이나 자신의 학문적 편향에 따라 나름대로의 의미와 자기 학문 중심적인 개념으로 문화콘텐츠란 용어를 사용하고 있다는 것이다. 이 용어에 대한 진지한 개념정의를 시도한 한국체육대학교의 심승구 교수는 문화콘텐츠를 다음과 같이 정의하고 있다.

문화콘텐츠란 곧 문화의 원형(original form + archetype) 또
는 문화적 요소를 발굴하고 그 속에 담긴 의미와 가치(원형
성, 잠재성, 활용성)를 찾아내어 매체(on-off line)에 결합하는
새로운 문화의 창조과정이다. 현재 문화콘텐츠 분야가 새로
운 응용학문 분야로 주목받을 수 있는 배경이자 특성은 '다
학문의 통합성과 다양한 문화가치의 창출, 그리고 시공을
초월한 활용성'이라고 정의할 수 있다. 문화는 공유되는 상
징과 규범의 체계라는 고전적 의미만으로 더 이상 정의되지
않고, 사람들의 실천(practice)을 통해 끊임없이 생성되며 또
는 재확인되거나 변형되거나 때로는 부인되는 것이다. 이러
한 문화의 역동성과 가변성이 문화콘텐츠 영역을 통해 포착
되고 끊임없이 시험된다. 실제로 문화콘텐츠는 다양한 사회
구성들 사이에 문화가 어떻게 서로 다르게 이해되고 그러한
이해가 실천을 통해 복원(restoration)과 재현(represent)되는지
가 중요한 과정이 된다. 이 점은 문화콘텐츠가 다양한 문화
가치의 창출기반인 동시에 현실적 적용과 구현이라는 활용
성을 본질로 하고 있음을 잘 보여준다. 그런 의미에서 문화
콘텐츠는 '실용학문의 허브'인 동시에 '21세기형 실학'이라
는 실천적 가치를 함의한다.

(심승구, 「한국 술문화의 원형과 콘텐츠화」, 인문콘텐츠
학회 학술 심포지엄 발표자료집, 2005)

산업계와 정책입안자들은 문화콘텐츠를 새로운 성장동력의 엔진이자 고부가가치의 원천이라는 측면에서 바라보고 있고, 인문콘텐츠학계(또는 문화콘텐츠학계)에서는 인문학적 자원과 상상력을 산업과 연계시켜 인문학의 가치를 제고할 수 있는 가능성에 초점을 두고 있다. 어쨌거나 둘 다 가치창출이라는 시각에서 문화콘텐츠를 바라본다는 공통점을 갖고 있다. 문화콘텐츠 개념에 대한 심승구 교수의 정의는 문화의 전통적 개념을 넘어 복원과 재현에 의한 가치실현이라는 관점에서 바라보고 있다는 점에서 의미 있는 시도라고 여겨진다.

이제는 문화콘텐츠산업의 발전 방향에 대한 현실적인 고민도 중요하겠지만, 출발선상에서 차근차근히 문화콘텐츠의 범위와 개념을 명확히 정의해보는 것도 꼭 필요하지 않을까 싶다.

전문가들은 보통 미디어와의 관계 속에서 콘텐츠에 대한 정의를 내리고 있는데, 필자도 이런 관점이 기본적으로 보편타당하다고 생각한다. 콘텐츠는 단순히 영어단어 content나 contents를 우리말로 옮긴 용어가 아니라는 것이다. 콘텐츠가 미디어나 기술을 전제로 하는 내용물이기는 하지만 그것을 디지털기술에만 국한시킬 필요는 없다. 아날로그 콘텐츠도 가능하고 문화적인 소재를 기획하고 포장하고 상품화시킨 것도 좋은 콘텐츠가 될 수 있다. 콘텐츠란 말이 애초에 산업이나 상품을 전제로 하고 나온 말이라는 것을 염두에 둔다면, 한국적 상황에서의 콘텐츠는 산업이나 상품가치와 연결되어 있음은 분명하다. 이런 점에서 필자는 "콘텐츠란 어떤 소재나 내용에 여러 가지의 문화적 공정을 통해 가치를 부여하거나 가치를 드높인 것"이라고 정의하고 싶다. 물론 가치부여의 공정은 여러 가지 형태가 될 수 있다. 기획이 될 수도 있고 디지털화를 통한 정보 가공이 될 수도 있으며 새로운 아이디어의 결합을 통한 재창조가 될 수도 있다. 이렇게 가치부여를 통해 만들어진 콘텐츠는 산업적, 상업적, 문화적인 가치를 가진 상품이 될 수 있다. 콘텐츠는 이 때문에 고부가가치의 원천이 될 수 있다. 물론 그 가치실현의 결과가 꼭 시장을 통해 거래되어야만 하는 것은 아니다. 수업이나 교육에서 잘 활용할 수 있게 만들어진 좋은 지식정보나 프로그램은 교육콘텐츠이지만 반드시 시장에서 거래되는 상품일 필요는 없다. 일상이나 업무 속에서도 콘텐츠는 가치창조와 가치혁신을 통해 우리 삶의 질을 드높여주는 기능을 하고 있다.

문화콘텐츠, 원천소스가 중요하다

디지털기술의 발전은 일상적 삶과 산업의 지형을 바꾸고 있다. 아날로그 시대의 경제는 상품의 대량생산(mass production)에 기반을 두었던 경제였다. 영화, 만화, TV영상물 등 각 부문은 나름대로 각각의 시장과 생산시스템, 수요자를 갖고 있었다. 각 영역마다 생산과 소비체계가 있었고 서로 간의 연관성은 그리 크지 않았다.

하지만 디지털기술은 이런 산업경제의 판도를 근본적으로

바꿔 놓았다. 문화상품재의 온라인화·디지털화가 각 영역 간의 장벽과 각 문화상품 간의 장벽을 허물기 시작한 것이다. 매체 간의 이동은 보다 용이해졌고, 이제 장르는 별다른 의미를 가질 수 없다. 하나의 소재(source)로 다양한 상품(multi-use)을 개발하고 보급하는 것이 가능해졌기 때문이다. 부문산업 간의 유기적인 연관성의 증대로 인해 하나의 원천소스로 여러 산업을 동시에 부흥시키는 원소스 멀티유스(OSMU: One Source Multi-Use)의 시대가 도래한 것이다. 이제는 소재만 잘 개발해 원천소스로 만들어 놓으면 추가 비용부담을 최소화하면서 여러 가지 다른 상품으로 전환해 고부가가치를 창출할 수 있다.

가령 스토리 하나만 잘 만들면 그것으로 소설도 만들고, 만화도 만들고, 애니메이션 영화도 만들고, 캐릭터 산업으로도 수익을 올릴 수 있다. 영국의 여류작가 조안 롤링(Joan Kathleen Rowling)의 입지전적인 성공은 그 상징적인 예이다.

조안 롤링은 1965년 7월 영국 웨일스 지방의 시골마을인 치핑 소드베리(Chipping Sodbury)에서 태어났다. 아버지는 롤스로이스 자동차 공장에서 일하는 기능공이었고 어머니는 전업주부였다. 롤링은 액세터대학 불문학과를 졸업한 후 포르투갈에서 영어 강사로 일하다 결혼했으나 곧 이혼하고, 생후 4개월 된 딸과 함께 에든버러에서 초라한 방 한 칸을 얻어 정착했다. 일자리가 없어 1년여 동안 생활 보조금으로 연명하던 그녀는 동화를 쓰기로 결심했고, 집 근처 카페에서 환타지 모험담을 종이 위에 옮기기 시작했다. 이렇게 해서 만들어진 소설이 바로 『해리포터 *Harry Potter*』 시리즈이다.

소설 『해리포터』는 무명의 여류작가를 일약 당대 최고의 흥행작가로 만들어 놓았고, 그녀를 돈방석 위에 올려놓았다. 2004년 『포브스』의 연례보고서에 보면, 조안 롤링은 '2004년 세계 최고 갑부 리스트'에 올라가 있다. 롤링은 10억 달러(약 1조 원)의 재산으로 세계에서 552번째의 갑부에 랭크되었다. 세계 독서계를 강타한 베스트셀러인 『해리포터』 시리즈는 2005년 말 현재까지 전 세계에서 약 3억 부 이상이 팔렸다. 소설 하나로 그녀는 영국 최고 부자가 되었고 세계적인 억만장자가 되었다. 『해리포터』의 환상적인 스토리는 소설에서 그치지 않고, 영화로도 만들어져 황금알을 낳은 거위가 되었다. 영화 「해리포터」가 올린 매출액은 20억 달러(2조 원)를 넘는다. 뿐만 아니라 '해리포터'의 캐릭터는 천문학적인 수익을 올렸다. '해리포터'의 성공사례는 문화콘텐츠산업의 폭발적 잠재력을 보여주며 동시에 문화적 원천소스의 중요성을 웅변해준다.

이렇게 캐릭터, 영화, 애니메이션, 만화 등 각각의 영역들이 온·오프를 넘어 서로 밀접하게 연관되어 있고 원천소스 하나만 잘 만들면 다목적적인 활용을 통해 여러 부문을 동시에 활성화시킬 수 있는 것이 오늘날 문화산업의 환경이다. 물론 이런 깃을 가능케 해준 바탕은 디지털기술을 비롯한 정보통신기술과 첨단과학기술이다. 21세기 문화의 시대는 산업적 측면에서 본다면 '원소스 멀티유스의 시대'이다.

캐릭터나 애니메이션, 스토리텔링, 기초예술, 문화원형콘텐츠 등은 문화콘텐츠산업에서 OSMU로 활용가능한 대표적인 예들이다. 다시 말하면 콘텐츠산업의 핵심이며 전략적으로 육성할 필요가 있는 분야라는 것이다.

한국문화콘텐츠진흥원 주최로 매년 7월경에 열리는 '서울 캐릭터 페어'는 캐릭터 산업의 잠재성과 가능성을 볼 수 있는 국내 최대 규모의 캐릭터 전시회이다. 캐릭터 라이선스 활성화 및 소비자 프로모션을 위해 열리는 이 행사에는 국내외 캐릭터 라이선스 전문가 및 바이어가 한 자리에 모이고 참가업체들에게 캐릭터 비즈니스와 프로모션의 기회를 제공해 준다. '서울 캐릭터 페어'는 2004년, 2005년 연속 7월에 서울 삼성동 코엑스에서 열렸는데, 여기에서 우리는 문화콘텐츠산업에서 날로 중요해지는 캐릭터산업의 비중을 확인할 수 있다.

이미 우리는 미키 마우스, 도널드 덕, 둘리, 마시마로, 헬로 키티 등의 캐릭터와 그 이름에 익숙하다. 이런 캐릭터들이 엄청난 부가가치의 원천이 되고 있다는 것도 잘 알고 있다. 캐릭터는 애니메이션이나 영화 등 영상산업에 활용됨은 물론이고 의류 및 문구류, 음료나 장난감, 액세서리 등 우리 주변의 일상생활에도 파고들어 큰 수익을 올리고 있다. 캐릭터 산업은 OSMU의 원천소스로서의 역할을 하고 있다. 스토리텔링이나 디지털 스토리텔링도 마찬가지다. 흥미 있고 독창적인 스토리 하나만 잘 만들어 놓으면 이를 애니메이션이나 만화, 소설이나 TV영상물 등 다양한 매체에 활용할 수 있으니 이것 역시

OSMU의 원천소스가 될 수 있다.

문화관광부는 최근 문화원형을 디지털콘텐츠화하는 사업에 많은 예산을 지원하고 있다. 이 사업을 주관하고 있는 한국문화콘텐츠진흥원은 "창의력과 경쟁력의 보고(寶庫)인 문화원형을 테마별로 디지털콘텐츠화하여 문화콘텐츠산업에 필요한 창작소재를 제공함으로써 문화콘텐츠산업의 경쟁력 향상을 도모하는 데 사업의 목적이 있다"고 설명하고 있다. 태권도와 전통무예, 조선시대의 가옥 등은 모두 문화원형콘텐츠화의 대상이 되고 있다. 이런 원형을 잘 가공하고 콘텐츠화한다면 향후 문화창작의 소재로 활용할 수 있고 상품화할 수도 있다. 문화원형콘텐츠화는 원천소스 개발과 직결되는 사업이다. 멀리 볼 것도 없이 서유기나 삼국지 등 중화민족의 문화가 담겨 있는 스토리는 중요한 문화원형이 돼 영화나 만화, 애니메이션의 원천소스가 되고 있다. 일본의 경우도 「원령공주」 등의 애니메이션은 일본 신화라는 문화원형에서 나왔다.

산업에서 원천기술이 중요하듯이 문화콘텐츠에서도 원천소스가 중요하다. OSMU는 각 부문 간의 유기적 연관을 가능하게 해주므로 문화산업의 새로운 대안모델이 될 수 있다. 또한 하나의 원천소스로 고부가가치를 창출한다는 점에서 저비용 고효율의 미래형 산업대안이 될 수 있다. 이는 혁신을 화두로 사회진반의 변화를 주장하는 최근의 논의들과도 맥락을 같이 하고 있어 주목할 만하다.

2004년 7월 1일 정동채 문화관광부 장관은 취임 후 언론과

의 첫 만남에서 "문화산업을 발전시킬 수 있는 방안으로 기초
예술의 탄탄한 발판 마련에 주력하겠다"고 소감을 밝혔고,
"기초예술과 문화산업은 동전의 양면이다. '창의의 샘'인 기초
예술이 탄탄하지 않고는 대중예술이 발전할 수 없다. 피카소
의 그림에서 영화가 나오고 셰익스피어의 희곡에서 시나리오
가 나오듯, 문화산업의 발전은 기초예술에서 시작된다"라고
언급했다. 정 장관이 문화산업 정책으로 기초예술을 강화하겠
다고 밝힌 것도 원소스 멀티유스라는 관점으로 해석할 수 있
다. 문화의 원천 강화나 문화콘텐츠의 원천소스개발은 원소스
멀티유스 전략의 출발점이다.

문화콘텐츠 ^{정책}

넛크래커 위기 대안으로서의 문화콘텐츠산업

　지식과 아이디어 그리고 인간의 감성을 기반으로 하는 문화산업은 국부를 창출하고 미래를 여는 전략산업이다. 문화산업의 중요성이 대두됨에 따라 문화산업의 성패를 좌우할 콘텐츠에 대한 관심은 어느 때보다도 높다. 기업과 학계는 물론이고, 정부도 발 벗고 나서 문화콘텐츠산업 육성을 강조하고 있다.

　여러 가지 환경과 잠재력을 고려해 볼 때, 우리나라의 문화콘텐츠산업은 잠재적인 발전가능성을 갖고 있다. 군사력이나 정치력으로 강대국의 반열에 오를 수는 없어도 '문화콘텐츠강대국'은 충분히 가능하기에 우리로서는 해볼 만한 승부수이다. 그간 한국은 그야말로 숨 가쁘게 앞만 보며 달려왔다. 우리 사회 전반에 뿌리내리고 있는 '빨리빨리' 문화는 1970년대의 중화학공업, 1980년대의 반도체신화 등 기술한국을 향한 발전에서 큰 역할을 해 왔던 것이 사실이다. 하지만 고속성장해 온 한국은 이제 어느 정도 한계에 봉착해 있다. 선진국의 최첨단 기술은 우리보다 저만치 앞서 있고 이웃나라 중국은 무서운 속도로 우리를 추격하며 위협적인 경쟁국가로 부상하고 있다.

이런 상황에서 전문가들은 "한국경제가 선진국에 비해서 기술과 품질경쟁에서 밀리고, 개발도상국에 비해서는 가격경쟁에서 밀리는 소위 '넛크래커'(nut-cracker) 위기를 맞을 수 있다"고 우려하고 있다. 따라서 이제는 뭔가 새로운 돌파구를 찾아야 할 때이다.

지난 20여 년 동안 한국이 반도체를 가지고 먹고 살았다면 앞으로 10년 후에는 무엇을 먹고 살 것인지에 대해 고민해야만 하는 것이다. 산업기술계는 그래서 포스트반도체기술을 찾기 위해 전력을 기울이고 있다. 정부는 정부대로 2003년 7월 국민소득 2만 달러 달성을 위해 디지털TV/방송, 디스플레이, 지능형 로봇, 미래형 자동차, 차세대 반도체, 차세대 이동통신, 지능형 홈네트워크, 차세대 전지, 바이오 신약/장기, 콘텐츠 및 SW 솔루션 등을 10대 차세대 신성장동력으로 선정하고 이를 중심으로 기술혁신에 박차를 가한다는 국가과학기술발전 로드맵(NTRM)을 제시했다. 10대 신성장동력에 콘텐츠 및 SW 솔루션이 포함되었다는 것은 정부가 문화콘텐츠의 중요성과 가능성을 분명히 인지하고 있음을 보여준다. 여기에서 우리는 새로운 가능성 그리고 바람직한 대안으로서의 문화콘텐츠산업을 다시 한번 강조하지 않을 수 없다.

우리나라는 문화콘텐츠산업의 인프라는 충분히 갖추고 있다. 디지털기술이나 무선통신기술이 세계적인 수준이기 때문이다. 콘텐츠의 구현과 유통, 소비는 주로 정보통신기술(ICT)을 통해 이루어지므로 정보통신기술은 문화콘텐츠산업의 중요한 인프라가 될 수 있다. 2003년 하반기 현재 초고속통신망 가입자수 1,100만, 인터넷 이용자수 3천만 명, 이동전화가입자수 3,300만 명 등의 지표가 보여주듯 콘텐츠산업의 인프라는 가히 세계 최고 수준이며 잠재적 수요도 엄청나다. 잠재적 수요란 곧 무한한 시장의 가능성을 의미한다. 인터넷을 이용한 e-commerce, e-learning, 휴대폰을 이용한 m-commerce나 모바일콘텐츠 등은 그야말로 황금알을 낳는 거위이며 '산업노다지'이다. 여기에 더해, 문화콘텐츠산업의 잠재력으로서의 '무형의 문화적 자산'도 빼놓을 수 없다. 반만 년의 역사를 자랑하는 우리나라는 풍부한 문화유산을 갖고 있다. 이는 문화원형콘텐츠 개발의 무궁한 소재로 활용될 수 있고, 한민족의 창의력과 우수한 두뇌, 교육열도 잘만 활용한다면 문화콘텐츠산업 진흥의 든든한 자산이 될 수 있다. 이런 좋은 여건에 정부의 CT산업 육성의지와 올바른 정책 드라이브만 결합된다면 '문화콘텐츠강대국 코리아'라는 미래는 충분히 실현가능한 시나리오다.

IT기반의 신경제(New Economy)가 국민경제를 선도하는 전략산업으로 부상하던 시절, 정책입안자들은 e-Korea라는 전략을 내세웠다. 유비쿼터스 컴퓨팅의 발전에 따라 e-Korea는 점차 u-Korea로 바뀌었다. 기술적 측면에서 보자면 u-Korea가 우리의 미래가 되겠지만 u-Korea를 채워갈 내용은 '유비쿼터스 문화'(u-culture)이다. 그렇다면 '문화콘텐츠의 전략적 육성을 통한 c-Korea의 건설'은 우리의 미래 청사진이 될 수 있다. 물론 c-Korea는 Culture Korea가 될 수도 있고 Content Korea 혹은 Culture & Content Korea가 될 수도 있다.

어쨌거나 문화콘텐츠산업은 CT 기반의 산업이다. 문화와 과학기술이 결합되는 첨단영역이므로 이를 통해 하드웨어인 과학기술과 소프트웨어인 문화를 동시에 발전시킬 수 있다. 또한 한국문화에 기반을 둔 인문학적 문화콘텐츠와 디지털기술을 중심으로 이를 콘텐츠화하는 첨단과학기술을 결합하는 것이므로 다른 관점에서 본다면 동양의 정신문화와 서양의 물질문명의 조화를 모색하는 새로운 시도이기도 하다. 인문학과 과학기술의 결합, 동양문화와 서양기술의 조화를 동시에 추구할 수 있는 문화콘텐츠산업은 이상적인 미래산업이다.

선택과 집중을 통한 문화콘텐츠산업 지원

과학기술 R&D(연구 및 개발)사업에서 그간 정부가 견지해 왔던 기본원칙은 소위 '선택과 집중'이었다. 될 만한 기술과 가능성 있는 연구를 선택해 집중적으로 지원한다는 것이다. 물론 제 산업의 균형성장과 다양한 연구의 동반발전도 중요하기 때문에 골고루 모든 산업을 균형 있게 발전시키는 것이 가장 바람직하겠지만 현실적인 여건은 그리 만만하지 않다. 제한된 자원으로 가장 효율적인 결과를 가져와야 하기 때문이다. 특히 세계화가 진행되면서 국가 간의 경쟁, 민족 간의 경쟁은 더욱 치열해졌다. 이런 현실에서 국가적 경쟁에서 뒤처지면 그 결과는 치명적이다. 여전히 경쟁사회에서의 법칙은 '적자생존과 약육강식의 법칙'이기 때문이다. 주지하다시피 자본주의는 정글의 법칙이 지배하는 냉혹한 경제메커니즘이고, 그 속에서 경쟁력은 존재가치와 미래존립이 달려 있는 가장 중요한 인자이다. 무한경쟁시대에 국가경쟁력을 높이고 고부가가치를 창출하기 위해서는 '선택과 집중의 원칙'이 필요한데, 이는 '저비용 고효율'을 가져오는 합리적인 대안이다.

그런데 가만히 생각해보면 발전과 대중화는 서로 다른, 아니 어쩌면 서로 상반되는 측면이다. 가령 과학기술발전을 위해서는 우수한 과학기술인력을 양성해야 하고 과학영재들을 선발해 집중적으로 교육시켜야 하겠지만, 과학대중화를 위해서는 과학의 생활화, 생활 속의 과학문화 확산이 필요한 것이다.

1980년대에 학생운동의 중심조직이었던 전대협(전국대학생대표자협의회, 한총련의 전신)은 '한 사람의 열 걸음보다 열 사람의 한 걸음을'이라는 슬로건을 내걸었다. 좋은 말이다. 하지만 어떤 때는 한 사람의 열 걸음이 필요할 때가 있다. 전략산업, 첨단산업의 발전을 위해서도 열 사람의 한 걸음보다는 한 사람의 열 걸음이 필요하다. 과학기술도 마찬가지다. 과학기술의 비약적인 발전을 위해서는 핵심두뇌인력의 양성과 핵심기술의 개발이 필요한 것이고, 그 결실을 대중적으로 공유하기 위해서는 과학대중화(popularization of science)가 요구되는 것이다. 과학기술발전을 위해서는 그래서 '선택과 집중'이 필요한 것인데, 문화발전의 경우도 크게 다르지는 않을 것이다.

선택과 집중을 해야 한다. 그런데 문제는 무엇을 선택하고 무엇에 집중할 것인가 하는 것이다. 비단 과학기술 분야가 아니더라도, 국가기간산업의 선정이나 정책의 우선순위, 경중을 가릴 때 이 원칙은 똑같이 적용될 수 있다. 문화산업은 첨단산업이고, 전략산업이다. 고부가가치의 원천인 문화콘텐츠산업은 정부가 선택적으로 집중 지원해야 할 부문임에 틀림이 없다.

뛰어난 기술은 능히 한 세대를 먹여 살릴 수 있고, 뛰어난 과학기술자는 만 명을 먹여 살릴 수 있다고 한다. 1980년대의 전자산업, 반도체산업이 그러했다. 당시 불철주야 연구에 몰두했던 현장의 과학기술자들은 오늘날의 한국을 만들어 놓은 일등공신들이다. 이제는 문화콘텐츠산업이 21세기형 전략산업이다. 문화콘텐츠 관련 전문가들은 미래 한국산업을 이끌어 갈 역군들이다.

'왜' 문화콘텐츠산업인가? 문화콘텐츠산업의 잠재력과 가능성은 여러 가지로 설명될 수 있다.

첫째, 문화콘텐츠산업은 시장 규모가 크기 때문이다. 가령

주요 제조업			주요 문화콘텐츠산업		
구분	세계시장 규모	한국산업의 세계시장점유율	구분	세계시장 규모	한국산업의 세계시장점유율
반도체	1,422	7%	캐릭터	1,430	3.1%
메모리	284	42%	음악	322	0.7%
휴대전화	637	25%	게임	681	1.7%
브라운관	285	48%	영화	668	1.8%
TFT-LCD	270	39%	방송	1,888	2.3%
선박*	540	32%	애니 메이션	750	0.4%

주요제조업과 문화콘텐츠산업의 시장규모 비교(2002년) (단위: 억 달러)

* 선박 세계시장 규모는 세계 수주량 기준 점유율을 금액으로 환산한 것임.
** 출처: 산업자원부, 문화관광부 자료(2003), 한국과학문화재단, 한국문화
콘텐츠 진흥원 외, '과학과 영상예술의 창조적 융합 심포지엄' 자료집,
2004년 5월에서 재인용.

문화콘텐츠산업 중 캐릭터산업은 2002년 기준으로 세계시장
규모 1,430억 달러 규모였는데, 이 수치는 같은 시기 반도체
시장 규모인 1,422억 달러를 훌쩍 넘어선다. 문화콘텐츠 시장
의 규모는 점점 더 커지고 있고 성장속도도 매우 빠르다. 세계
문화산업 연평균 성장률은 2003년 기준 5.2%로, 전체 경제성
장률 3.2%를 훨씬 상회하고 있다.

둘째, 문화콘텐츠산업은 고부가가치 산업이다. 즉, 매출대
비 이익률이 높은 High Risk, High Return의 지식기반산업이
다. 가령 게임업체의 수익률은 자동차나 전자산업을 추월하고
있다. 2002년 수익률을 보면 엔씨소프트는 34.3%, NHN은
38.6%인데 이 수치는 같은 해의 H자동차 수익률 5%, S전자
수익률 17.4%를 능가한다.

셋째, 문화콘텐츠산업은 파급효과가 큰 산업이다. 특히 유통과정에서 윈도우 효과(Window effect)가 높다. 윈도우 효과란 기술적 변화를 거쳐 생산, 유통되면서 새로운 수요를 계속 창출해 추가적 이익을 발생시키는 것을 말한다. 가령 만화 한편이 애니메이션, 게임, 캐릭터로 이어지면서 계속적인 이익을 낳는다면 이것이 윈도우 효과에 해당한다. 원소스 멀티유스 전략이 강조되는 것은 문화콘텐츠산업의 이런 속성 때문이다. 경제적인 윈도우 효과가 큰 것은 물론이고 문화콘텐츠산업은 문화적인 파급효과도 크다. 베트남이나 중국에서의 한류(韓流) 열풍은 한국의 국가 이미지를 제고하고 이들 나라에서 한국문화에 대한 관심을 불러일으켰다. 한류는 경제적 이익뿐 아니라 문화적 효과까지 안겨주고 있다.

넷째, 문화콘텐츠산업은 해외시장 진출이 상대적으로 용이해 미래의 수출역군이 될 수 있다. 특히 수출이 산업구조에 있어서 결정적 비중을 차지하는 한국의 경우에는 더더욱 그러하다. 세계화 물결에 따라 모든 시장들이 개방되고 있다. 문화상품도 마찬가지이다. 철강이나 전자제품 같은 경우는 가격으로 경쟁하는 경우가 많아 덤핑판정을 받게 되면 수출, 수입에 결정적인 타격을 받지만, 캐릭터, 게임, 애니메이션 등의 문화콘텐츠산업은 상대적으로 수출장벽이 그리 높지 않다. 일본은 2002년 기준으로 게임산업의 세계시장점유율이 31%, 음반은 15.4%, 만화는 62%였다. 정치적 협상을 통해 문화개방이 이루어지기만 한다면 덤핑이니 보호무역이니 하는 제재로부터 자유롭게 글로벌시장에 진출할 수 있는 것이다. 한국 가수인 보아의 일본 진출 성공 사례는 그 훌륭한 예이다.

선택과 집중을 통한 문화콘텐츠산업 지원은 미래한국을 바꿔 놓을 수 있다. 물론 문화콘텐츠산업도 전략적인 로드맵이 필요하며, 그 속에서도 '선택과 집중'의 원칙이 합리적으로 지켜져야 할 것이다. 미래를 준비하는 자만이 미래의 승자가 될 수 있다. 최후에 웃는 자가 승리한다고 하지 않던가.

혁신주도형 경제와 문화콘텐츠 육성

참여정부 출범 후 혁신(革新, innovation)은 그야말로 시대적 화두가 되고 있다. 참여정부는 기술혁신, 시스템혁신, 문화혁신 등 소위 3대혁신을 주창했고 그 후 줄곧 '혁신적 성장전략'을 정책기조로 추진해왔다. 국토균형발전이나 지역혁신체제(RIS), 공기업의 경영혁신이나 국가과학기술혁신체계(NIS) 로드맵 등도 모두 같은 맥락이다. 정부조직과 공공기관에서 시작된 혁신 바람은 기업과 지방자치체에서도 큰 공감을 불러일으키고 있다. 심지어 대기업이 공공기관의 혁신성공사례를 벤치마킹하기도 하는 일도 왕왕 있다.

2004년 초유의 대통령 탄핵 후 총선을 거쳐 직무에 복귀한 노무현 대통령은 대국민담화에서 '혁신주도형 경제'(Innovation Driven Economy)를 거듭 강조했다. 참여정부의 키워드 하나를 꼽으라면 아마도 '혁신'일 것이다. 끊임없는 혁신만이 초일류를 가능하게 한다는 것은 누구나 수긍하는 주장이다. 그렇다면 도대체 혁신이란 무엇이고, 왜 지금 혁신이 중요하게 부각되고 있는 것인가.

혁신은 사전적 의미로는 '제도나 방법, 조직이나 풍습 따위를 고치거나 버리고 새롭게 함'을 뜻한다. 하지만 '단순히 고치고 개선하는 것'이 아니라 '근본적으로 새롭게 고치는 것'이다. 요컨대 혁신은 '업데이트'(update)가 아니라 '업그레이드'(upgrade)이며, 질적인 전환인 것이다.

사실 사회과학에서 '혁신'은 그리 새로운 용어는 아니다. 경제학사에 보면, 이미 슘페터(J.A.Schumpeter)가 경제발전론을 이야기하며 혁신을 강조한 적이 있다. 슘페터가 말했던 이노베이션은 1)소비자 사이에 충분히 알려져 있지 않은 재화나 새로운 품질의 재화의 제조, 2)아직 알려져 있지 않은 생산방식의 도입이나 새 판로의 개척, 3)원료 또는 반제품의 새로운 공급원의 획득, 4)신조직의 달성 등이다. 어쨌거나 슘페터의 혁신의 핵심은 '연구개발에 의한 기술 및 지식창출, 교육훈련을 통한 인적자본의 형성, 혁신적인 기업가정신' 등에 있다. 19세기 초 프랑스의 고전경제학자 세이(Jean B. Say)가 '기업가'(Entrepreneur)라는 말을 처음 사용한 후, 슘페터는 혁신에 있어서 '창조적 파괴자로서의 기업가의 책무'를 강조했다. 그가 이야기한 '기업가 정신'(Entrepreneurship)이란 '현재 내가 통제할 수 있는 자원에 구애받지 않고 기회를 포착해 추구하는 방식'을 말하는데 이는 주어진 틀을 벗어나지 못하는 관료형 정신과는 정반대의 혁신적 사고를 말한다. 이런 창조적 정신, 기업가 정신이야말로 혁신의 요체이다.

고전에 해당하는 슘페터의 논의는 오늘날에도 여전히 유용하다. 하지만 현실에 비추어 볼 때 훨씬 더 생생하고 실질적인 논의에 해당하는 것은 마이클 포터의 『국가경쟁력이론 *The Competitive Advantages of Nations*』(1990)이다.

경영전략의 탁월한 이론가인 마이클 포터 교수는 1)요소주도(Factor-Driven) 단계, 2)투자주도(Investment-Driven) 단계, 3)혁신주도(Innovation-Driven) 단계, 4)부의 주도(Wealth-Driven) 단계 등으로 국가경제의 발전단계를 나누었다.

'요소주도형 단계'에서는 천연자원이나 노동력이 성장의 원천이 되고, '투자주도형 단계'는 투자 드라이브 주도의 산업 고도화 단계에 해당한다. '혁신주도형 단계'는 긴밀한 산업연관, 제품차별화, 기술혁신 및 창의적 인력양성 등에 의한 성장의 경제이며, '부의 주도 단계'는 과거 이룩한 부에 의존해 성장을 지속시키고 금융, 오락, 문화산업이 주도하는 국면이다. 그런데 요소투입이나 투자주도는 분명 한계를 가지고 있다. 어느 시점에 이르면 노동력이나 자원, 투자 드라이브만으로는 더 이상 질적인 업그레이드로 이어지지 않는다. 한국경제가 1995년 국민소득 1만 달러를 돌파한 이래 10여 년째 1만 달러 시대에 정체해 있는 현실에 비추어볼 때 포터의 경제발전 단계론은 시사하는 바가 크다. 저명한 경제학자 폴 그루그만도 1994년 "요소투입이라는 양적 확대에 의존한 한국 등 동아시아경제는 성장에 한계가 있다"고 지적한 바 있다.

포터에 의하면 일본은 이미 요소주도 단계, 투자주도 단계를 지나 1970년대에 혁신주도 단계에 들어섰고, 독일이나 미국 등은 훨씬 오래 전에 혁신주도 단계에 들어섰다가 이제는 부의 주도 단계에 와 있으며, 영국은 부의 주도 단계에 있다.

그렇다면 우리 경제는 어떤 단계인가? 포터는 한국경제는 투자주도 단계에서 혁신주도 단계로 이행해야 하는 시점이라고 분석하고 있다. 이런 분석을 받아들인다면 현 정부가 주창하는 혁신전략과 신성장동력론은 아주 적절하고도 타당한 전략이라고 할 수 있다. 이런 혁신주도형 경제에서 문화콘텐츠산업은 더더욱 진가를 발휘할 수 있다. 성장엔진으로서 톡톡히 한 몫을 할 수 있기 때문이다. 문화산업이 만들어내는 고부가가치, 문화콘텐츠의 OSMU로서의 특성, 콘텐츠산업의 차별성 등으로 미루어 볼 때 문화콘텐츠산업은 혁신주도형경제의 핵심 산업이 될 수 있다. 오락 및 문화산업이 부의 주도 단계에서 지속적인 성장을 보장해주는 산업이라는 점은 분명하다. 이제 문화콘텐츠산업은 혁신주도형 경제와 국가경쟁력이라는 관점에서 재고(再考)돼야만 한다.

문화콘텐츠강국을 향한 치열한 각축전

2001년 국민의 정부 시절, 정부는 문화기술 혹은 콘텐츠기술을 의미하는 CT를 국가 '6대 핵심기술'의 하나로 선정했다.

참여정부에 들어서도, CT지원에 대한 정부의 의지는 분명했다. 2003년 7월, 참여정부는 우리나라 경제를 이끌어갈 '10대 차세대성장동력 산업' 중 하나로 문화콘텐츠산업을 선정했고 이를 지속적으로 육성, 지원하고 있다.

CT는 IT, BT, NT, ET, ST등과 함께 6T라 불리고 있다. 그런데 사실 이 용어는 국제적으로 통용되는 용어가 아니라 우리나라에서만 사용되는 신조어이다. 이 용어를 처음 사용한 사람은 KAIST 전자전산학과의 원광연 교수다. 그는 과학과 미디어, 과학기술과 예술의 접목에 관심을 갖고 이 분야를 개척해온 선구자이며 KAIST에서 가상현실연구센터(VRRC: Virtual Reality Research Center)를 이끌었고 현재는 KAIST CT 대학원의 원장을 맡고 있다. CT란 용어를 상용화시키면서 전략산업으로서의 가능성을 제기했다는 점에서 원 교수의 문제 제기는 충분히 인정받을 만하다. 이제 문화콘텐츠산업의 경제적, 산업적, 문화적 가치와 중요성에 대한 공감대는 어느 정도 형성되어 있다. 남은 것은 정책의지와 실질적인 정책추진이다.

IT기술 및 인프라의 측면에서 우리나라는 유리한 고지를 점령하고 있다. 초고속 인터넷망이나 네트워크, IT기반설비 등 하드웨어가 세계최고 수준이며 우수 IT인력이나 벤처기술인 등 휴먼웨어도 풍부한 편이다. 하지만 문제는 콘텐츠와 소프트웨어이다.

KT와 SK텔레콤 등의 기간통신사업자들은 최근 들어 콘텐츠와 소프트웨어 확보를 위해 전력투구하고 있다. SW와 콘텐츠가 없는 하드웨어와 네트워크는 두뇌 없는 몸체와 마찬가지기 때문이다. 하드웨어나 인프라에 비해 한국의 디지털콘텐츠산업은 사실 여전히 취약한 편이다.

전문가들은 향후 IT산업의 요체는 통신서비스나 시스템이 아니라 콘텐츠와 소프트웨어라고 보고 있다. 세계적인 시장조사기관 IDC에 따르면 2007년 소프트웨어산업의 규모는 무려 7,219억 달러로 추산된다. 뿐만 아니라 연평균성장률이 15%에 이르는 등 디지털콘텐츠의 잠재력은 엄청나다. 그런데 한국은 2004년 기준으로 디지털콘텐츠를 포함한 소프트웨어산업규모가 18조 7천억 원 정도에 불과하며 세계시장점유율은 2%에도 못 미친다. 한국의 디지털콘텐츠는 겨우 개도국 정도 수준인 것이다(매일경제신문 2005년 6월 30일자 참조). 역설적으로 이런 현실은 디지털콘텐츠를 비롯한 문화콘텐츠 시장이 앞으로 충분히 발전 가능성이 있으며 잠재성도 있음을 말해주기도 한다.

문화콘텐츠산업은 선진국에서도 국부의 중요한 부분이 되고 있다. 하지만 문화산업(또는 문화콘텐츠산업)이 시장의 큰 부분을 차지하기 시작한 것은 그리 오래되지 않았으며, 아직도 이 분야는 앞으로 누가 선두를 차지할지 아무도 확신할 수 없다. 현재 미국, 일본, 영국, 프랑스가 문화산업분야에서는 단연 앞서가고 있지만, 문화콘텐츠산업의 후발국가들도 이들 선진국들을 충분히 따라잡을 수 있다. 그렇기 때문에 각국이 새로운 산업의 엘도라도인 문화콘텐츠에 매달리고 있는 것이다.

우리나라에서는 현재 문화콘텐츠산업이라는 용어로 통용되고 있지만, 나라마다 사용하는 용어도 각각 다르다. 세계 최고의 문화콘텐츠강국인 미국에서는 이를 엔터테인먼트산업(Entertainment Industry)이라 부르고 있다. 할리우드 영화산업의 위세에서 보이듯 엔터테인먼트산업은 군수산업, IT산업과 함께 미국경제를 지탱하는 세 기둥 중 하나이다. 한편 영국에서는 창조산업(Creative Industry)이라고 부르고, 일본에서는 엔터테인먼트 비즈니스라고 부르고 있다. 우리나라에서는 한때는 오락산업, 미디어산업이라고 했는데 지금은 문화콘텐츠산업이란 용어가 상용화되고 있다. 뭐라고 부르든 용어가 중요한 것은 아니다. 엔터테인먼트 산업이든 창조산업이든 중요한 것은 문화콘텐츠산업을 둘러싼 산업선진국들 간의 경쟁이 치열하다는 것이고, 미국, 영국, 프랑스, 일본 등 선진산업국들이 하나같이 문화콘텐츠산업을 국가전략산업으로 지원, 육성하고 있다는 사실이다. 좀 더 구체적으로 몇몇 선진국의 문화콘텐츠산업지원육성정책에 대해 살펴보자.

영국은 1997년부터 창조산업을 미래전략산업으로 육성하기 시작했다. 2000년에는 디지털콘텐츠 육성실천계획 수립을 발표했고, 창조산업 추진반, 창조산업수출진흥자문단을 비롯한 범정부차원의 전담기구를 설립하는 등 정책적 지원을 아끼지 않고 있다. 최근에는 전략수립 및 인력양성, 투자유치 등 공공부문의 역할을 강화하고 있으며, 지적재산권 범죄시스템을 정비하는 등 지적재산권 보호에도 애쓰고 있다. 원래 영국은 오랫동안 문화예술정책에 있어서 '소위 팔길이 원칙'(arm's length principle)을 고수해왔다. 이는 문화예술에 대한 지원에 국가가 직접 개입하지 않고 공적 지원과 관련된 실질적 권한을 다른 조직에 양도(devolve)하는 것을 의미하는데, 이런 원칙은 프랑스식의 국가주도형 문화부모델과는 구별되는 특징이었다. 하지만 최근 들어 영국정부의 문화산업에 대한 정책적 지원은 점점 더 적극적으로 이루어지고 있다.

미국의 경우, 미디어-엔터테인먼트산업은 군수산업 다음으로 큰 비중을 차지한다. 현재 세계시장점유율이 70%인 미국은 문화콘텐츠산업 최강대국의 위용을 자랑하고 있다. 미국은 유럽국가들처럼 총체적인 문화정책을 갖고 있지는 않지만 나름대로 포괄적이고 체계적인 문화예술진흥시스템을 갖추고 있다. 미국문화정책은 전통적으로 사적 동기와 자율성을 중시하고 정부의 개입을 제한하며 분권과 분산의 원칙을 따르고, 표현, 신념, 결사, 정견 등에 있어 개성을 최대한 존중한다는 등의 원칙에 입각해 있다.

한편 문화산업지원을 살펴보면 미연방정부는 CT산업의 직접적인 육성보다는 정보통신인프라의 구축, 자유무역협정과 문화시장개방, 저작권보호강화, 연구개발 지원 및 제도 개선 등 자국의 문화콘텐츠가 세계시장에서 잘 유통되고 시장점유율을 높일 수 있도록 기반환경을 조성하는 데 치중하고 있다. 특히 세계최고의 콘텐츠경쟁력에도 불구하고 연방정부가 대학에 연구개발자금을 대규모 지원해 대학이 개발한 기술을 민간기업으로 이전하는 체제로 유도하고 있는 것은 눈여겨 볼만하다. 콘텐츠산업에서도 미국은 산학협력모델을 지향하고 있다. 미국은 특히 디지털콘텐츠개발전략에 사활을 걸고 있다. 미국의 차세대 정보기술전략인 NITRD(Networking Information Technology R&D)전략의 중점적인 연구분야를 살펴보면 전체 6개 분야 중에 '소프트웨어·시스템'과 '소프트웨어 설계·생산성' 등 2개 분야가 포함되어 있다. 미래전략의 3분의 1이 디지털콘텐츠와 소프트웨어에 할당되어 있는 셈인데, 이는 정보통신의 초강대국인 미국이 디지털콘텐츠를 얼마나 중요하게 생각하고 있는가를 극명하게 보여주는 예이다.

세계 제2의 문화산업강국 일본도 문화콘텐츠산업 육성을 위해 정부가 발 벗고 나서고 있다. 특히 게임과 애니메이션, 캐릭터와 만화 산업은 세계 최고 수준이다. 가령 2002년 일본이 미국에 애니메이션을 수출한 규모는 43.5억 달러인데 이 수치는 철강수출의 약 4배에 해당한다. 일본은 정부지원보다는 민간부문의 기제를 활용해 문화콘텐츠산업을 육성하는 전략을 채택하고 있지만, 정부 차원의 지원도 전폭적이다. 경제산업성, 총무성, 문부과학성은 범부처적인 협력을 통해 '신산업창조전략' 'E-Japan 전략' 등을 수립해 콘텐츠산업 육성을 지원하고 있다. 2003년 3월에는 고이즈미 총리를 위원장으로 하는 지적재산전략본부를 신설하여 콘텐츠산업육성계획을 수립했으며 2004년 5월에는 집권 자민당이 콘텐츠 창조보호 및 활용촉진에 관한 법률안을 발의했다. 또한 일본 정부는 정보

가전, 로봇, 연료전지, 바이오, 환경기기 및 서비스, 영화 등 콘텐츠, 비즈니스 지원서비스 등을 '7개 신산업 분야'로 선정하고 적극적인 지원에 돌입했다.

유럽의 문화강대국 프랑스는 시장 중심의 앵글로색슨 경제모델이 아니라 국가주도형 경제이므로 문화정책도 색다르다. 특히 프랑스는 국가의 문화산업 및 문화정책지원이 두드러진 나라이다. 작가 앙드레 말로가 초대 장관을 맡았던 문화부의 면면한 전통과 '문화를 경제와는 독립적인 영역'이라고 보는 독특한 프랑스식 문화국가의 비전이 프랑스 문화정책을 뒷받침하고 있다. 역사적으로 보더라도, 16세기 왕실의 후견에서 오늘날의 문화통신부에 이르기까지 꼴레주 드 프랑스, 코메디 프랑세즈, 보자르, 꽁세르바투아르(음악원), 국립영상원 등에서 보이듯 지식과 예술경영, 문화예술교육에 있어서 국가는 언제나 중심적 위치에 있었다. 유럽문화의 중심인 만큼 프랑스는 문화적 인프라도 잘 구축되어 있고 문화산업에 대한 국가지원뿐만 아니라 국민적 지지도 탄탄하다. 특히 프랑스는 만화 및 애니메이션이 강한 나라로 애니메이션 제작규모가 유럽에서 단연 1위이다. 안느시(Annecy)에서 애니메이션국제페스티벌이, 앙굴렘에서 만화축제가 열리는 프랑스는 만화왕국이라 해도 과언이 아니다. 프랑스 문화지원정책에서 특히 주목해야 할 것은 국립영화센터(CNC: Centre National de la Cinématographie)를 중심으로 하는 CT산업의 체계적 지원이다. CNC는 오랜 역사와 전통을 가지고 있다. 이미 1940년대에 그들은 영화산업의 진흥과 지원정책의 필요성을 의회 차원에서 논의하기 시작했고 그 결과로 설립된 것이 바로 국립영화센터이다. 국립영화센터는 프랑스의 영화산업과 외국영화계와의 협약 및 영화에 대한 다양한 지원을 관장하는 기구이다. 프랑스는 영화가 탄생한 본고장이니만큼(영화는 1895년 뤼미에르 형제에 의해 처음 만들어졌다) 프랑스인들의 영화에 대한 애정은 남다르다. '1946년 10월 25일 법안'으로 설치된 CNC는 1947년부터 영화시장에 개입해 프랑스 영화산업진흥을 위한 적극적인 지원을 하고 있다. 국립영화센터는 현재 문화커뮤니케이션부 산하의 공공기관이다. 홈페이지(http://www.cnc.fr)에 적시된 이 기관의 미션은 1)영화, 오디어비주얼, 멀티미디어의 규제 2)영화산업, 시청각산업, 멀티미디어산업의 지원 3)영화, 시청각물 촉진과 배포지원 4)자국 영화 보급 및 보호 등이다. 국립영화센터는 영화, 애니메이션 등을 지원하고 있지만, 최근에는 게임산업지원도 강화하고 있다. 한편 국립영상원(FEMIS)과 국립인터랙티브미디어대학은 영상 및 비디오게임 핵심기술인력의 리더 육성 등 문화산업인력양성에 힘쓰고 있다.

캐나다는 캐나다문화 포트폴리오를 통해 애니메이션 및 디지털콘텐츠에 대한 지원을 강화하고 있고, 국립영화진흥원(National Film Board of Canada)을 통해 프로젝트 기반의 우수 인력양성 프로그램을 운영하는 등 문화산업지원정책을 펴고 있다.

호주의 경우는 문화산업과 정보통신의 연계를 강화하기 위

해 통신정보기술예술부(Dept. of Communications, Information T-
echnology and the Arts) 주관하에 종합적인 문화산업정책을 추
진하고 있다. 2003년부터는 호주동영상이미지센터(ACMI)를
확대하여 영화, 비디오, 설치미술, 신기술 등 미디어아트를 육
성하는 정책을 강화하고 있다.

뉴질랜드는 영화「반지의 제왕」을 통해 신흥문화산업강국
의 이미지를 구축한 나라이다. 세 편의「반지의 제왕」을 만드
는 데 든 총제작비는 2억 8천만 달러 정도였는데 총흥행수입
은 그 열 배가 넘는 약 30억 달러 규모다. 뿐만 아니라 DVD
판매, 대여 등으로 약 6억 달러의 부대수익도 올렸다. 인구 4
백만의 뉴질랜드는「반지의 제왕」을 통해 영상산업 164% 성
장, 관광수익 38억 달러, 2만 명의 고용효과 창출, 광고효과
4,800만 달러 상당의 국가이미지 제고 등 '반지특수'를 톡톡
히 누렸다. 혹자는 이를 일컬어 주인공의 이름을 이용, '프로
드 경제'(Frodo Economy)라고 부르고 있다. 특히 이 영화의 성
공은 디지털영상기술(WETA 디지털스튜디오)의 중요성을 다시
금 입증했는데, 최근 뉴질랜드에서는 Park Road Post Studio라
는 포스트프로덕션(영화편집, CG, 사운드 믹싱, 네거티브 현상
등 영화제작 후반작업을 전문으로 하는 프로덕션)이 건립 중이라
고 한다.

문화산업에 대한 적극적인 지원과 육성정책은 아시아도 예
외가 아니다. 중국은 문화산업 소비국에서 생산국으로 탈바꿈
하기 위해 범정부차원에서 문화산업을 육성하고 있는데, 특히

상해, 광서성, 서장자치구를 중심으로 문화콘텐츠산업 육성이 이루어지고 있다. 2003년은 '인터넷 콘텐츠의 해'로 지정해 인터넷 콘텐츠산업을 집중 지원했고, 소위 '삼망합일(三網合一)정책'을 통해 방송, 통신, 정보산업의 융합을 추진하는 등 변화하는 정보통신환경에 부응하는 문화산업정책을 마련하는 데도 부심하고 있다.

대만도 콘텐츠산업육성 대열에 뛰어들었다. 대만경제부는 2002년 이른바 '양조쌍성(兩兆雙星)산업발전계획'을 발표했고, 콘텐츠산업의 수출비중을 2001년 10%에서 2006년 30%이상으로 끌어올린다는 목표를 설정했다. 양조쌍성이란 반도체, 디스플레이의 양조산업과 바이오, 콘텐츠의 쌍성산업을 말한다.

물론 구체적인 지원정책들은 나라마다 차이가 있지만 해외 선진국들은 모두 한결같이 문화콘텐츠산업의 전략적 육성에 나서고 있다. 문화콘텐츠강대국 자리를 차지하기 위한 각축전은 앞으로 더욱 치열해질 것이다.

전체적으로 보았을 때 선진국의 문화산업 지원육성정책은 국가경제모델에 따라 상이한 특징을 보이는데, 크게 세 가지 범주로 나눌 수 있겠다.

첫 번째 범주는 정부주도모델이다. 프랑스, 캐나다, 중국, 대만이 여기에 해당하는데 이들 국가는 시장과 국가라는 경제의 양 축 중 국가에 중심을 두는 경제모델을 갖고 있다. 이런 국가주의적 모델은 문화정책에도 그대로 반영되며 문화의 공공성, 민족문화정책 등으로 나타난다.

국가	중앙부처	주요공공기관
프랑스	문화통신부 (Ministère de la Culture et de la Communication)	국립영화진흥센터(CNC) 영화 및 시청각 산업자금출자회사 (SOFICA: Sociétés de Financement et de l'Industrie Cinématographique et Audiovisuelle) 프랑스문화원 (Centre Culturel Français)
영국	문화미디어스포츠부 (DCMS)	영화진흥위원회(The Film Council) 디자인진흥원(The Design Council) 국립복권위원회 (National Lottery Charities Board) 잉글랜드예술진흥원(ACE) 공예진흥원(The Crafts Council)
일본	문화청(저작권, 미디어아트, 문화교류), 경제산업성 미디어콘텐츠과(상무정보 정책국 문화정보관련 산업과), 외무성	일본예술문화진흥회 일본디지털콘텐츠협회 일본문화원(Japan Foundation)
호주	통신정보기술예술부 (DCITA : Dept. of Communications, Information Technology and the Arts)	호주문화예술진흥원 (Australia Council of the Arts) 호주영화위원회 (Australian Film Commission) 방송위원회 (Australian Broadcasting Authority)
캐나다	문화부 (Dept. of Canadian Heritage)	텔레필름캐나다(Telefilm Canada) 캐나다국립영화제작소 (National Film Board of Canada) 캐나다 라디오-텔레비전-통신위원회 (CRTC : Canadian Radio-television & Telecommunication)
중국	문화부 국가방송영화총국	북경대학문화산업연구소 청화대학문화산업연구센터
미국	16개부처가 문화예술 지원프로그램 실시	미국국립예술기금 (NEA: National endowment for the arts) 미국영화협회 (AFI: American Film Institute)

주요국의 문화산업정책 추진조직체계 비교
(출처 : 문광부, 문화콘텐츠진흥원, CT비전 및 중장기 전략수립, 2005년)

이런 정부주도모델과 상반되는 것은 시장경제모델이다. 이는 자본주의의 전형으로 미국이 대표적이다. 문화산업을 엔터테인먼트 산업이라고 부르는 데서도 보이듯 미국에서는 흥행과 대중성이 문화산업의 대전제이다. 따라서 문화산업도 시장의 원리에 종속될 수밖에 없다. 대중성과 상업성을 생명으로 하는 할리우드 영화산업이 미국경제를 지탱하고 있는 것은 자연스러운 결과이다.

첫 번째의 정부주도모델국가에서는 문화산업에 대한 국가적 지원과 문화상품시장의 국가개입이 두드러진 반면, 미국식의 시장경제모델국가에서는 국가의 시장개입이 최소화되고 문화도 수요공급이라는 시장경제모델 속에서 발전되고 있다.

나머지 문화선진국들은 대체로 이 두 가지 상반되는 모델의 중간에 끼어 있다. 일본이나 호주, 영국 등이 그러한데 이들 국가는 공공과 민간, 국가와 시장의 균형과 조화를 통한 지원정책을 지향한다. '공공–민간 파트너쉽 모델'이라고 할 수 있겠다.

그렇다면 우리나라의 문화정책은 어떠해야 하는가. 이 문제는 '우리나라의 경제모델은 무엇인가'에 대한 올바른 분석으로부터 시작돼야 한다. 물론 쉬운 작업은 아니다. 1980년대에 '한국사회구성체논쟁'(한국사회성격논쟁)이라는 전면적 논쟁이 있었지만 아직도 한국자본주의의 성격을 명확히 규정하지는 못하고 있다. 오늘날 한국사회는 특정한 모델로 분류될 만한 뚜렷한 특징을 보이지는 못하는데, 콘텐츠산업의 단기적 성장을 위해서는 시장경제의 모델의 원리가 유용하지만 장기적 관점에서 민족문화와 문화산업의 동반발전을 위해서는 정부주도형 모델이 바람직하다고 본다.

선진국 정부는 콘텐츠저작권과 콘텐츠 유통부문에서 정부의 역할을 강화하고 있고, 창작과 자율성을 강조하면서도 기술역량강화(R&D)에 대한 정부 역할을 강화하고 있다. 또한 문화콘텐츠 기획, 제작, 유통환경을 조성하기 위한 지원도 아끼지 않고 있다. 앞서 열거한 해외선진국들의 문화산업지원정책들은 모두 타산지석이 될 수 있다. 재미있는 점은 세계화의 확산으로 국경이 무너지고 정부의 역할이 점점 축소되고 있음에도 불구하고, 문화콘텐츠산업에 대한 정부의 지원과 육성은 오히려 강화되고 있다는 것이다.

현재 우리나라도 문화관광부 산하 한국문화콘텐츠진흥원(KOCCA)을 중심으로 문화콘텐츠지원정책을 활발히 펴고 있다. 문화산업지원과 문화예술창달 등 문화정책 주무부서는 문화관광부이다. 문화(콘텐츠)산업지원을 담당하는 것은 문화관광부 내 문화산업국인데, 문화산업국은 문화산업을 21세기 국가기간산업으로 육성하기 위해 영화, 영상, 게임, 음악, 애니메이션 등 각 분야 기반시설 확충 및 전문인력 양성, 고부가가치 문화상품개발과 우리 문화산업의 해외진출 지원확대 등 문화산업의 국가경쟁력강화를 다각적으로 추진하고 있다. 특히 문화산업진흥에 관한 종합계획의 수립 및 조정, 문화산업기반확충 및 제도정비, 문화산업진흥기금의 조성 및 운영,

지역문화산업 육성, 문화산업전문인력양성, 한국문화콘텐츠 진흥원 관련 업무 등을 총괄하는 곳은 문화산업국의 문화산업정책과이다.

2004년 6월 문화관광부가 발표한 '문화산업 국제경쟁력비교분석'보고에 의하면, 기업의 사업환경 및 경쟁역량, 양질의 차별적 자원공급, 시장 및 유통구조, 창작기반 지원환경 등 4개 요인을 바탕으로 분석한 문화산업 경쟁력지수는 40점 만점 기준으로 미국 31.41, 영국 20.4, 일본 18.71, 프랑스 16.65순이었고 우리나라는 12.44, 중국은 6.53이었다. 문화관광부는 현재 한국문화산업의 세계시장점유율을 1.5%(2003년 기준)에서 2008년까지 4% 수준으로 끌어올리고 해외수출규모를 100억 달러로 확대해 세계 5대 문화강국으로 진입한다는 비전을 실현하기 위해 노력하고 있다. 이런 비전이 실현되기 위해서는 문화콘텐츠산업의 진흥을 위한 다각적인 지원책과 제도의 정비가 시급하다. 국정홍보처 국정브리핑의 인터뷰에서 정동채 문화관광부 장관은 "관광산업과 문화산업의 활성화를 통해 문화가 21세기를 이끄는 힘이라는 것을 보여주고 싶다. 특히 문화콘텐츠육성을 바탕으로 문화산업의 경쟁력을 확보하고 관광활성화를 통해 내수 진작에도 도움이 되도록 힘쓰겠다"고 피력했다(http://www.news.go.kr, 2004년 8월 10일자). 주무장관의 이런 포부가 원론적 선언에 그치지 않고, 문화콘텐츠강국의 실질적 토대 구축을 위한 정책으로 이어져야만 할 것이다. 궁극적으로 사회를 바꾸는 것은 문화지만 문화를 비록한 모든 변화를 추동하는 가장 강력한 힘은 바로 정책이기 때문이다.

참고문헌

김용석·김현아 외, 『훤히 보이는 WiBro』, U-북, 2005.

니콜라스 네그로폰테, 백욱인 옮김, 『디지털이다』, 커뮤니케이션 북스, 1999.

데이비드 트로스비, 성제환 옮김, 『문화경제학』, 한울아카데미, 2004.

로렌스 해리슨·새뮤얼 헌팅턴, 이종인 옮김, 『문화가 중요하다』, 김영사, 2001.

마샬 맥루언, 김성기·이한우 옮김, 『미디어의 이해』, 민음사, 2002.

마이클 포터, 김경묵·김연성 옮김, 『경쟁론』, 세종연구원, 2001.

미디어문화교육연구회 엮음, 『문화콘텐츠학의 탄생』, 다할미디어, 2005.

박기현, 『프랑스 문화와 상상력』 살림지식총서98, 살림, 2004.

박창신, 『훤히 보이는 DMB』, U-북, 2005.

서정교, 『문화경제학』, 한울출판사, 2003.

송도영·이호영 외, 『프랑스의 문화산업체계』, 미래인력연구원·(주)지식마당, 2003.

신응철, 『철학으로 보는 문화』, 살림, 2004.

양종회·권숙인 외, 『영국의 문화산업체계』, 지식마당, 2003.

유승호, "디지털시대와 문화콘텐츠", 「전자신문사」, 2002.

임은모, 『문화콘텐츠 비즈니스론』, 진한 M&B, 2001.

조지 길더, 박홍식 옮김, 『텔레코즘』, 청림, 2004.

최연구, 『프랑스 문화읽기』, 중심, 2003.

한국문화경제학회, 『문화경제학 만나기』, 김영사, 2001.

홍성욱, 『하이브리드 세상읽기-잡종교수 홍성욱의 문화에세이』, 안그라픽스, 2003.

C.P.스노우, 오영환 옮김, 『두 문화-과학과 인문학의 조화로운 만남을 위하여』, 사이언스북스, 2001.

「CT(Culture Technology) 비전 및 중장기 전략 수립」, 문화관광부·한국문화콘텐츠진흥원, 2005.

「2004 문화정책백서」, 문화관광부, 2004.

「과학과 영상예술의 창조적 융합 심포지엄 자료집」, 한국과학문화재단, 2005.

『주간 과학문화』통권 33호, 한국과학문화재단, 2004.1.16.

『주간 과학문화』통권 37호, 한국과학문화재단, 2004.2.23.

프랑스엔 〈크세주〉, 일본엔 〈이와나미 문고〉,
한국에는 〈살림지식총서〉가 있습니다.

📖 전자책 | 🔍 큰글자 | 🔊 오디오북

001 미국의 좌파와 우파 | 이주영 📖🔍
002 미국의 정체성 | 김형인 📖
003 마이너리티 역사 | 손영호 📖
004 두 얼굴을 가진 하나님 | 김형인 📖
005 MD | 정욱식 📖🔍
006 반미 | 김진웅 📖
007 영화로 보는 미국 | 김성곤 📖🔍
008 미국 뒤집어보기 | 장석정
009 미국 문화지도 | 장석정
010 미국 메모랜덤 | 최성일
011 위대한 어머니 여신 | 장영란 📖🔍
012 변신이야기 | 김선자 📖
013 인도신화의 계보 | 류경희 📖🔍
014 축제인류학 | 류정아 📖
015 오리엔탈리즘의 역사 | 정진농 📖🔍
016 이슬람 문화 | 이희수 📖🔍
017 살롱문화 | 서정복 📖
018 추리소설의 세계 | 정규웅 🔍
019 애니메이션의 장르와 역사 | 이용배 📖
020 문신의 역사 | 조현설 📖
021 색채의 상징, 색채의 심리 | 박영수 📖🔍
022 인체의 신비 | 이성주 📖
023 생물학무기 | 배우철 📖
024 이 땅에서 우리말로 철학하기 | 이기상
025 중세는 정말 암흑기였나 | 이경재 📖🔍
026 미셸 푸코 | 양운덕 📖
027 포스트모더니즘에 대한 성찰 | 신승환 📖
028 조폭의 계보 | 방성수
029 성스러움과 폭력 | 류성민 📖
030 성상 파괴주의와 성상 옹호주의 | 진형준 📖
031 UFO학 | 성시정 📖
032 최면의 세계 | 설기문 📖
033 천문학 탐구자들 | 이면우
034 블랙홀 | 이충환 📖
035 법의학의 세계 | 이윤성 📖🔍
036 양자 컴퓨터 | 이순칠 📖
037 마피아의 계보 | 안혁 📖🔍
038 헬레니즘 | 윤진 📖
039 유대인 | 정성호 📖🔍
040 M. 엘리아데 | 정진홍 📖🔍
041 한국교회의 역사 | 서정민 📖🔍
042 야훼와 바알 | 김남일 📖
043 캐리커처의 역사 | 박창석
044 한국 액션영화 | 오승욱 📖
045 한국 문예영화 이야기 | 김남석 📖
046 포켓몬 마스터 되기 | 김윤아 📖

047 판타지 | 송태현 📖
048 르 몽드 | 최연구 📖🔍
049 그리스 사유의 기원 | 김재홍 📖
050 영혼론 입문 | 이정우
051 알베르 카뮈 | 유기환 📖🔍
052 프란츠 카프카 | 편영수 📖
053 버지니아 울프 | 김희정 📖
054 재즈 | 최규용 📖
055 뉴에이지 음악 | 양한수 📖
056 중국의 고구려사 왜곡 | 최광식 📖🔍
057 중국의 정체성 | 강준영 📖🔍
058 중국의 문화코드 | 강진석 🔍
059 중국사상의 뿌리 | 장현근 📖🔍
060 화교 | 정성호 📖
061 중국인의 금기 | 장범성 🔍
062 무협 | 문현선 📖
063 중국영화 이야기 | 임대근 📖
064 경극 | 송철규 📖
065 중국적 사유의 원형 | 박정근 📖🔍
066 수도원의 역사 | 최형걸 📖
067 현대 신학 이야기 | 박만 📖
068 요가 | 류경희 📖
069 성공학의 역사 | 정해윤 📖
070 진정한 프로는 변화가 즐겁다 | 김학선 📖🔍
071 외국인 직접투자 | 송의달
072 지식의 성장 | 이한구 📖🔍
073 사랑의 철학 | 이정은 📖
074 유교문화와 여성 | 김미영 📖
075 매체 정보란 무엇인가 | 구연상 📖🔍
076 피에르 부르디외와 한국사회 | 홍성민 📖
077 21세기 한국의 문화혁명 | 이정덕 📖
078 사건으로 보는 한국의 정치변동 | 양길현 📖🔍
079 미국을 만든 사상들 | 정경희 📖🔍
080 한반도 시나리오 | 정욱식 📖🔍
081 미국인의 발견 | 우수근 📖
082 미국의 거장들 | 김홍국 📖
083 법으로 보는 미국 | 채동배
084 미국 여성사 | 이창신 📖
085 책과 세계 | 강유원 🔍
086 유럽왕실의 탄생 | 김현수 📖🔍
087 박물관의 탄생 | 전진성 📖
088 절대왕정의 탄생 | 임승휘 📖🔍
089 커피 이야기 | 김성윤 📖🔍
090 축구의 문화사 | 이은호 📖
091 세기의 사랑 이야기 | 안재필 📖🔍
092 반연극의 계보와 미학 | 임준서 📖

093 한국의 연출가들 | 김남석 📖
094 동아시아의 공연예술 | 서연호 📖
095 사이코드라마 | 김정일
096 철학으로 보는 문화 | 신응철 📖 🔎
097 장 폴 사르트르 | 변광배 📖
098 프랑스 문화와 상상력 | 박기현 📖
099 아브라함의 종교 | 공일주 📖
100 여행 이야기 | 이진홍 📖 🔎
101 아테네 | 장영란 📖 🔎
102 로마 | 한형곤 📖
103 이스탄불 | 이희수 📖
104 예루살렘 | 최창모 📖
105 상트 페테르부르크 | 방일권 📖
106 하이델베르크 | 곽병휴 📖
107 파리 | 김복래 📖
108 바르샤바 | 최건영 📖
109 부에노스아이레스 | 고부안 📖
110 멕시코 시티 | 정혜주 📖
111 나이로비 | 양철준 📖
112 고대 올림픽의 세계 | 김복희 📖
113 종교와 스포츠 | 이창익 📖
114 그리스 미술 이야기 | 노성두 📖
115 그리스 문명 | 최혜영 📖 🔎
116 그리스와 로마 | 김덕수 📖 🔎
117 알렉산드로스 | 조현미 📖
118 고대 그리스의 시인들 | 김헌 📖
119 올림픽의 숨은 이야기 | 장원재 📖
120 장르 만화의 세계 | 박인하 📖
121 성공의 길은 내 안에 있다 | 이숙영 📖 🔎
122 모든 것을 고객중심으로 바꿔라 | 안상헌 📖
123 중세와 토마스 아퀴나스 | 박주영 📖 🔎
124 우주 개발의 숨은 이야기 | 정홍철 📖
125 나노 | 이영희 📖
126 초끈이론 | 박재모 · 현승준 📖
127 안토니 가우디 | 손세관 📖
128 프랭크 로이드 라이트 | 서수경 📖
129 프랭크 게리 | 이일형
130 리차드 마이어 | 이성훈 📖
131 안도 다다오 | 임채진 📖
132 색의 유혹 | 오수연 📖
133 고객을 사로잡는 디자인 혁신 | 신언모
134 양주 이야기 | 김준철 📖 🔎
135 주역과 운명 | 심의용 📖 🔎
136 학계의 금기를 찾아서 | 강성민 📖
137 미 · 중 · 일 새로운 패권전략 | 우수근 📖 🔎
138 세계지도의 역사와 한반도의 발견 | 김상근 📖 🔎
139 신용하 교수의 독도 이야기 | 신용하 📖
140 간도는 누구의 땅인가 | 이성환 📖 🔎
141 말리노프스키의 문화인류학 | 김용환 📖
142 크리스마스 | 이영제
143 바로크 | 신정아 📖
144 페르시아 문화 | 신규섭 📖
145 패션과 명품 | 이재진 📖
146 프랑켄슈타인 | 장정희 📖

147 뱀파이어 연대기 | 한혜원 📖 🔊
148 위대한 힙합 아티스트 | 김정훈 📖
149 살사 | 최명호
150 모던 걸, 여우 목도리를 버려라 | 김주리 📖
151 누가 하이카라 여성을 데리고 사누 | 김미지 📖
152 스위트 홈의 기원 | 백지혜 📖
153 대중적 감수성의 탄생 | 강심호 📖
154 에로 그로 넌센스 | 소래섭 📖
155 소리가 만들어낸 근대의 풍경 | 이승원 📖
156 서울은 어떻게 계획되었는가 | 염복규 📖 🔎
157 부엌의 문화사 | 함한희 📖
158 칸트 | 최인숙 📖
159 사람은 왜 인정받고 싶어하나 | 이정은 📖 🔎
160 지중해학 | 박상진 📖
161 동북아시아 비핵지대 | 이삼성 외
162 서양 배우의 역사 | 김정수
163 20세기의 위대한 연극인들 | 김미혜 📖
164 영화음악 | 박신영 📖
165 한국독립영화 | 김수남 📖
166 영화와 샤머니즘 | 이종승 📖
167 영화로 보는 불륜의 사회학 | 황혜진 📖
168 J.D. 샐린저와 호밀밭의 파수꾼 | 김성곤 📖
169 허브 이야기 | 조태동 · 송진희 📖
170 프로레슬링 | 성민수 📖
171 프랑크푸르트 | 이기식 📖
172 바그다드 | 이동은 📖
173 아테네인, 스파르타인 | 윤진 📖
174 정치의 원형을 찾아서 | 최자영 📖
175 소르본 대학 | 서정복 📖
176 테마로 보는 서양미술 | 권용준 📖 🔎
177 칼 마르크스 | 박영균
178 허버트 마르쿠제 | 손철성 📖
179 안토니오 그람시 | 김현우 📖
180 안토니오 네그리 | 윤수종 📖
181 박이문의 문학과 철학 이야기 | 박이문 📖 🔎
182 상상력과 가스통 바슐라르 | 홍명희 📖
183 인간복제의 시대가 온다 | 김홍재
184 수소 혁명의 시대 | 김미선 📖
185 로봇 이야기 | 김문상 📖
186 일본의 정체성 | 김필동 📖 🔎
187 일본의 서양문화 수용사 | 정하미 📖
188 번역과 일본의 근대 | 최경옥 📖
189 전쟁국가 일본 | 이성환 📖
190 한국과 일본 | 하우봉 📖 🔎
191 일본 누드 문화사 | 최유경 📖
192 주신구라 | 이준섭
193 일본의 신사 | 박규태 📖
194 미야자키 하야오 | 김윤아 📖 🔊
195 애니메이션으로 보는 일본 | 박규태 📖
196 디지털 에듀테인먼트 스토리텔링 | 강심호 📖
197 디지털 애니메이션 스토리텔링 | 배주영 📖
198 디지털 게임의 미학 | 전경란 📖
199 디지털 게임 스토리텔링 | 한혜원 📖
200 한국형 디지털 스토리텔링 | 이인화 📖

201 디지털 게임, 상상력의 새로운 영토 | 이정엽 🔊
202 프로이트와 종교 | 권수영 🔲
203 영화로 보는 태평양전쟁 | 이동훈
204 소리의 문화사 | 김토일 🔲
205 극장의 역사 | 임종엽 🔲
206 뮤지엄건축 | 서상우 🔲
207 한옥 | 박명덕 🔲🔎
208 한국만화사 산책 | 손상익
209 만화 속 백수 이야기 | 김성훈
210 코믹스 만화의 세계 | 박석환 🔲
211 북한만화의 이해 | 김성훈 · 박소현
212 북한 애니메이션 | 이대연 · 김경임
213 만화로 보는 미국 | 김기홍
214 미생물의 세계 | 이재열 🔲
215 빛과 색 | 변종철 🔲
216 인공위성 | 장영근 🔲
217 문화콘텐츠란 무엇인가 | 최연구 🔲🔎
218 고대 근동의 신화와 종교 | 강성열 🔲
219 신비주의 | 금인숙 🔲
220 십자군, 성전과 악탈의 역사 | 진원숙
221 종교개혁 이야기 | 이성덕 🔲
222 자살 | 이진홍 🔲
223 성, 그 억압과 진보의 역사 | 윤가현 🔲🔎
224 아파트의 문화사 | 박철수 🔲
225 권오길 교수가 들려주는 생물의 섹스 이야기 | 권오길 🔲
226 동물행동학 | 임신재 🔲
227 한국 축구 발전사 | 김성원 🔲
228 월드컵의 위대한 전설들 | 서준형
229 월드컵의 강국들 | 심재희
230 스포츠마케팅의 세계 | 박찬혁
231 일본의 이중권력, 쇼군과 천황 | 다카시로 고이치
232 일본의 사소설 | 안영희
233 글로벌 매너 | 박한표 🔲
234 성공하는 중국 진출 가이드북 | 우수근
235 20대의 정체성 | 정성호 🔲
236 중년의 사회학 | 정성호 🔲
237 인권 | 차병직 🔲
238 헌법재판 이야기 | 오호택 🔲
239 프라하 | 김규진 🔲
240 부다페스트 | 김성진 🔲
241 보스턴 | 황선희 🔲
242 돈황 | 전인초 🔲
243 보들레르 | 이건수 🔲
244 돈 후안 | 정동섭 🔲
245 사르트르 참여문학론 | 변광배 🔲
246 문체론 | 이종오 🔲
247 올더스 헉슬리 | 김효원 🔲
248 탈식민주의에 대한 성찰 | 박종성 🔲🔎
249 서양 무기의 역사 | 이내주
250 백화점의 문화사 | 김인호 🔲
251 초콜릿 이야기 | 정한진 🔲
252 향신료 이야기 | 정한진 🔲
253 프랑스 미식 기행 | 심순철
254 음식 이야기 | 윤진아 🔲🔎

255 비틀스 | 고영탁 🔲
256 현대시와 불교 | 오세영 🔲
257 불교의 선악론 | 안옥선 🔲
258 질병의 사회사 | 신규환 🔲🔎
259 와인의 문화사 | 고형욱 🔲
260 와인, 어떻게 즐길까 | 김준철 🔲🔎
261 노블레스 오블리주 | 예종석 🔲🔎
262 미국인의 탄생 | 김진웅 🔲
263 기독교의 교파 | 남병두 🔲🔎
264 플로티노스 | 조규홍 🔲
265 아우구스티누스 | 박경숙 🔲
266 안셀무스 | 김영철 🔲
267 중국 종교의 역사 | 박종우 🔲
268 인도의 신화와 종교 | 정광흠
269 이라크의 역사 | 공일주 🔲
270 르 코르뷔지에 | 이관석 🔲
271 김수영, 혹은 시적 양심 | 이은정 🔲🔎🔊
272 의학사상사 | 여인석 🔲
273 서양의학의 역사 | 이재담 🔲🔎
274 몸의 역사 | 강신익 🔲
275 인류를 구한 항균제들 | 예병일 🔲
276 전쟁의 판도를 바꾼 전염병 | 예병일
277 사상의학 바로 알기 | 장동민 🔲🔎
278 조선의 명의들 | 김호 🔲🔎
279 한국인의 관계심리학 | 권수영 🔲🔎
280 모건의 가족 인류학 | 김용환
281 예수가 상상한 그리스도 | 김호경
282 사르트르와 보부아르의 계약결혼 | 변광배 🔲🔎
283 초기 기독교 이야기 | 진원숙 🔲
284 동유럽의 민족 분쟁 | 김철민 🔲
285 비잔틴제국 | 진원숙 🔲
286 오스만제국 | 진원숙 🔲
287 별을 보는 사람들 | 조상호
288 한미 FTA 후 직업의 미래 | 김준성 🔲
289 구조주의와 그 이후 | 김종우 🔲
290 아도르노 | 이종하 🔲
291 프랑스 혁명 | 서정복 🔲
292 메이지유신 | 장인성 🔲🔎
293 문화대혁명 | 백승욱 🔲🔎
294 기생 이야기 | 신현규 🔲
295 에베레스트 | 김법모 🔲
296 빈 | 인성기 🔲
297 발트3국 | 서진석 🔲
298 아일랜드 | 한일동 🔲
299 이케다 하야토 | 권혁기 🔲
300 박정희 | 김성진 🔲🔊
301 리콴유 | 김성진 🔲
302 덩샤오핑 | 박형기 🔲
303 마거릿 대처 | 박동운 🔲🔊
304 로널드 레이건 | 김형곤 🔲🔊
305 셰이크 모하메드 | 최진영 🔲
306 유엔사무총장 | 김정태 🔲
307 농구의 탄생 | 손대범 🔲
308 홍차 이야기 | 정은희 🔲🔎

309 인도 불교사 | 김미숙 ▣
310 아힌사 | 이정호
311 인도의 경전들 | 이재숙 ▣
312 글로벌 리더 | 백형찬 ▣ ♪
313 탱고 | 배수경 ▣
314 미술경매 이야기 | 이규현 ▣
315 달마와 그 제자들 | 우봉규 ▣ ♪
316 화두와 좌선 | 김호귀 ▣ ♪
317 대학의 역사 | 이광주 ▣
318 이슬람의 탄생 | 진원숙 ▣
319 DNA분석과 과학수사 | 박기원 ▣ ♪
320 대통령의 탄생 | 조지형 ▣
321 대통령의 퇴임 이후 | 김형곤
322 미국의 대통령 선거 | 윤용희 ▣
323 프랑스 대통령 이야기 | 최연구 ▣
324 실용주의 | 이유선 ▣
325 맥주의 세계 | 원융희 ▣ ◀))
326 SF의 법칙 | 고장원
327 원효 | 김원명 ▣
328 베이징 | 조창완 ▣
329 상하이 | 김윤희 ▣
330 홍콩 | 유영하 ▣
331 중화경제의 리더들 | 박형기 ▣ ♪
332 중국의 엘리트 | 주장환 ▣
333 중국의 소수민족 | 정재남
334 중국을 이해하는 9가지 관점 | 우수근 ▣ ♪ ◀))
335 고대 페르시아의 역사 | 유흥태 ▣
336 이란의 역사 | 유흥태 ▣
337 에스파한 | 유흥태 ▣
338 번역이란 무엇인가 | 이향 ▣
339 해체론 | 조규형 ▣
340 자크 라캉 | 김용수 ▣
341 하지홍 교수의 개 이야기 | 하지홍
342 다방과 카페, 모던보이의 아지트 | 장유정 ▣
343 역사 속의 채식인 | 이광조 (절판)
344 보수와 진보의 정신분석 | 김용신 ♪
345 저작권 | 김기태 ▣
346 왜 그 음식은 먹지 않을까 | 정한진 ▣ ♪ ◀))
347 플라멩코 | 최명호
348 월트 디즈니 | 김지영 ▣
349 빌 게이츠 | 김익현 ▣
350 스티브 잡스 | 김상훈 ▣ ♪
351 잭 웰치 | 하정필
352 워렌 버핏 | 이민주
353 조지 소로스 | 김성진 ▣
354 마쓰시타 고노스케 | 권혁기 ▣
355 도요타 | 이우광 ▣
356 기술의 역사 | 송성수 ▣
357 미국의 총기 문화 | 손영호 ▣
358 표트르 대제 | 박지배 ▣
359 조지 워싱턴 | 김형곤 ▣
360 나폴레옹 | 서정복 ◀))
361 비스마르크 | 김장수 ▣
362 모택동 | 김승일 ▣

363 러시아의 정체성 | 기연수 ▣
364 너는 사방 위험한 로봇이다 | 오은 ▣
365 발레리나를 꿈꾼 로봇 | 김선혁 ▣
366 로봇 선생님 가라사대 | 안동근 ▣
367 로봇 디자인의 숨겨진 규칙 | 구신애 ▣
368 로봇을 향한 열정, 일본 애니메이션 | 안병욱 ▣
369 도스토예프스키 | 박영은 ▣ ◀))
370 플라톤의 교육 | 장영란 ▣
371 대공황 시대 | 양동휴 ▣
372 미래를 예측하는 힘 | 최연구 ▣
373 꼭 알아야 하는 미래 질병 10가지 | 우정헌 ▣ ♪ ◀))
374 과학기술의 개척자들 | 송성수 ▣
375 레이첼 카슨과 침묵의 봄 | 김재호 ▣ ♪
376 좋은 문장 나쁜 문장 | 송준호 ▣ ♪
377 바울 | 김호경 ▣
378 테킬라 이야기 | 최명호 ▣
379 어떻게 일본 과학은 노벨상을 탔는가 | 김범성 ▣ ♪
380 기후변화 이야기 | 이유진 ▣ ♪
381 상송 | 전금주
382 이슬람 예술 | 전완경 ▣
383 페르시아의 종교 | 유흥태
384 삼위일체론 | 유해무 ▣
385 이슬람 율법 | 공일주 ▣
386 금강경 | 곽철환 ▣
387 루이스 칸 | 김낙중 · 정태용 ▣
388 톰 웨이츠 | 신주현 ▣
389 위대한 여성 과학자들 | 송성수 ▣
390 법원 이야기 | 오호택 ▣
391 명예훼손이란 무엇인가 | 안상운 ▣ ♪
392 사법권의 독립 | 조지형 ▣
393 피해자학 강의 | 장규원 ▣
394 정보공개란 무엇인가 | 안상운 ▣
395 적정기술이란 무엇인가 | 김정태 · 홍성욱 ▣
396 치명적인 금융위기, 왜 유독 대한민국인가 | 오형규 ▣ ♪
397 지방자치단체, 돈이 새고 있다 | 최인욱 ▣
398 스마트 위험사회가 온다 | 민경식 ▣
399 한반도 대재난, 대책은 있는가 | 이정직 ▣
400 불안사회 대한민국, 복지가 해답인가 | 신광영 ▣ ♪
401 21세기 대한민국 대외전략 | 김기수 ▣
402 보이지 않는 위협, 종북주의 | 류현수 ▣
403 우리 헌법 이야기 | 오호택 ▣
404 핵심 중국어 간체자(简体字) | 김현정 ♪
405 문화생활과 문화주택 | 김용범 ▣
406 미래주거의 대안 | 김세용 · 이재준
407 개방과 폐쇄의 딜레마, 북한의 이중적 경제 | 남성욱 · 정유석 ▣
408 연극과 영화를 통해 본 북한 사회 | 민병욱 ▣
409 먹기 위한 개방, 살기 위한 핵외교 | 김계동 ▣
410 북한 정권 붕괴 가능성과 대비 | 전경주 ▣
411 북한을 움직이는 힘, 군부의 패권경쟁 | 이영훈 ▣
412 인민의 천국에서 벌어지는 인권유린 | 허만호 ▣
413 성공을 이끄는 마케팅 법칙 | 추성엽 ▣
414 커피로 알아보는 마케팅 베이직 | 김민주 ▣
415 쓰나미의 과학 | 이호준 ▣
416 20세기를 빛낸 극작가 20인 | 백승무 ▣

417 20세기의 위대한 지휘자 | 김문경 🅑 🅟
418 20세기의 위대한 피아니스트 | 노태헌 🅑 🅟
419 뮤지컬의 이해 | 이동섭 🅑
420 위대한 도서관 건축 순례 | 최정태 🅑 🅟
421 아름다운 도서관 오디세이 | 최정태 🅑 🅟
422 롤링 스톤즈 | 김기범 🅑
423 서양 건축과 실내디자인의 역사 | 천진희 🅑
424 서양 가구의 역사 | 공혜원 🅑
425 비주얼 머천다이징&디스플레이 디자인 | 강희수
426 호감의 법칙 | 김경호 🅑
427 시대의 지성, 노암 촘스키 | 임기대
428 역사로 본 중국음식 | 신계숙 🅑
429 일본요리의 역사 | 박병학 🅑 🅟
430 한국의 음식문화 | 도현신 🅑
431 프랑스 음식문화 | 민혜련 🅑
432 중국차 이야기 | 조은아 🅑
433 디저트 이야기 | 안호기 🅑
434 치즈 이야기 | 박승용 🅑
435 면(麵) 이야기 | 김한송 🅑 🅟
436 막걸리 이야기 | 정은숙 🅑
437 알렉산드리아 비블리오테카 | 남태우 🅑
438 개헌 이야기 | 오호택 🅑
439 전통 명품의 보고, 규장각 | 신병주 🅑 🅟
440 에로스의 예술, 발레 | 김도윤 🅑
441 소크라테스를 알라 | 장영란 🅑
442 소프트웨어가 세상을 지배한다 | 김재호 🅑
443 국제난민 이야기 | 김철민 🅑
444 셰익스피어 그리고 인간 | 김도윤 🅑
445 명상이 경쟁력이다 | 김필수 🅑 🅟
446 갈매나무의 시인 백석 | 이숭원 🅑
447 브랜드를 알면 자동차가 보인다 | 김흥식 🅑
448 파이온에서 힉스 입자까지 | 이강영 🅑
449 알고 쓰는 화장품 | 구희연 🅑
450 희망이 된 인문학 | 김호연 🅑 🅟
451 한국 예술의 큰 별 동랑 유치진 | 백형찬 🅑
452 경허와 그 제자들 | 우봉규 🅑 🅟
453 논어 | 윤홍식 🅑 🅟
454 장자 | 이기동 🅑 🅟
455 맹자 | 장현근 🅑 🅟
456 관자 | 신창호 🅑 🅟
457 순자 | 윤무학 🅑 🅟
458 미사일 이야기 | 박준복 🅑
459 사주(四柱) 이야기 | 이지형 🅑 🅟
460 영화로 보는 로큰롤 | 김기범 🅑
461 비타민 이야기 | 김정환 🅑 🅟
462 장군 이순신 | 도현신 🅑 🅟
463 전쟁의 심리학 | 이윤규 🅑
464 미국의 장군들 | 여영무 🅑
465 첨단무기의 세계 | 양낙규 🅑
466 한국무기의 역사 | 이내주 🅑 🅟
467 노자 | 임헌규 🅑 🅟
468 한비자 | 윤찬원 🅑 🅟
469 묵자 | 박문현 🅑 🅟
470 나는 누구인가 | 김용신 🅑 🅟

471 논리적 글쓰기 | 여세주 🅑
472 디지털 시대의 글쓰기 | 이강룡 🅟
473 NLL을 말하다 | 이상철 🅑 🅟
474 뇌의 비밀 | 서유헌 🅑 🅟
475 버트런드 러셀 | 박병철 🅑
476 에드문트 후설 | 박인철 🅑
477 공간 해석의 지혜, 풍수 | 이지형 🅑 🅟
478 이야기 동양철학사 | 강성률 🅑 🅟
479 이야기 서양철학사 | 강성률 🅑 🅟
480 독일 계몽주의의 유학적 기초 | 전홍석 🅑
481 우리말 한자 바로쓰기 | 안광희 🅑 🅟
482 유머의 기술 | 이상훈 🅑
483 관상 | 이태룡 🅑
484 가상학 | 이태룡 🅑
485 역경 | 이태룡 🅑
486 대한민국 대통령들의 한국경제 이야기 1 | 이장규 🅑 🅟
487 대한민국 대통령들의 한국경제 이야기 2 | 이장규 🅑 🅟
488 별자리 이야기 | 이형철 외 🅑 🅟
489 셜록 홈즈 | 김재성 🅑
490 역사를 움직인 중국 여성들 | 이양자 🅑 🅟
491 중국 고전 이야기 | 문승용 🅑
492 발효 이야기 | 이미란 🅑 🅟
493 이승만 평전 | 이주영 🅑
494 미군정시대 이야기 | 차상철 🅑 🅟
495 한국전쟁사 | 이희진 🅑 🅟
496 정전협정 | 조성훈 🅑 🅟
497 북한 대남 침투도발사 | 이윤규 🅑
498 수상 | 이태룡 🅑
499 성명학 | 이태룡 🅑
500 결혼 | 남정욱 🅑 🅟
501 광고로 보는 근대문화사 | 김병희 🅑 🅟
502 시조의 이해 | 임형선 🅑
503 일본인은 왜 속마음을 말하지 않을까 | 임영철 🅑
504 내 사랑 아다지오 | 양태조 🅑
505 수프림 오페라 | 김도윤 🅑
506 바그너의 이해 | 서정원 🅑
507 원자력 이야기 | 이정익 🅑
508 이스라엘과 창조경제 | 정성호 🅑
509 한국 사회 빈부의식은 어떻게 변했는가 | 김용신 🅑
510 요하문명과 한반도 | 우실하 🅑
511 고조선왕조실록 | 이희진 🅑
512 고구려조선왕조실록 1 | 이희진 🅑
513 고구려조선왕조실록 2 | 이희진 🅑
514 백제왕조실록 1 | 이희진 🅑
515 백제왕조실록 2 | 이희진 🅑
516 신라왕조실록 1 | 이희진 🅑
517 신라왕조실록 2 | 이희진
518 신라왕조실록 3 | 이희진
519 가야왕조실록 | 이희진 🅑
520 발해왕조실록 | 구난희 🅑
521 고려왕조실록 1 (근간)
522 고려왕조실록 2 (근간)
523 조선왕조실록 1 | 이성무 🅑 🅟
524 조선왕조실록 2 | 이성무 🅑 🅟

525 조선왕조실록 3 | 이성무 📖 🔎
526 조선왕조실록 4 | 이성무 📖 🔎
527 조선왕조실록 5 | 이성무 📖 🔎
528 조선왕조실록 6 | 편집부 📖 🔎
529 정한론 | 이기용 📖
530 청일전쟁 | 이성환
531 러일전쟁 | 이성환
532 이슬람 전쟁사 | 진원숙 📖
533 소주이야기 | 이지형 📖
534 북한 남침 이후 3일간, 이승만 대통령의 행적 | 남정옥
535 제주 신화 1 | 이석범
536 제주 신화 2 | 이석범
537 제주 전설 1 | 이석범 (절판)
538 제주 전설 2 | 이석범 (절판)
539 제주 전설 3 | 이석범 (절판)
540 제주 전설 4 | 이석범 (절판)
541 제주 전설 5 | 이석범 (절판)
542 제주 민담 | 이석범
543 서양의 명장 | 박기련 📖
544 동양의 명장 | 박기련 📖
545 루소, 교육을 말하다 | 고봉만 · 황성원 📖
546 철학으로 본 앙트러프러너십 | 전인수 📖
547 예술과 앙트러프러너십 | 조명계 📖
548 예술마케팅 | 전인수 📖
549 비즈니스상상력 | 전인수 📖
550 개념설계의 시대 | 전인수 📖
551 미국 독립전쟁 | 김형곤 📖
552 미국 남북전쟁 | 김형곤 📖
553 초기불교 이야기 | 곽철환 📖
554 한국가톨릭의 역사 | 서정민 📖
555 시아 이슬람 | 유흥태 📖
556 스토리텔링에서 스토리두잉으로 | 윤주 📖
557 백세시대의 지혜 | 신현동 📖
558 구보 씨가 살아온 한국 사회 | 김병희 📖
559 정부광고로 보는 일상생활사 | 김병희 📖
560 정부광고의 국민계몽 캠페인 | 김병희
561 도시재생이야기 | 윤주 📖 🔎
562 한국의 핵무장 | 김재엽 📖
563 고구려 비문의 비밀 | 정호섭 📖
564 비슷하면서도 다른 한중문화 | 장범성 📖
565 급변하는 현대 중국의 일상 | 장시,리우린,장범성
566 중국의 한국 유학생들 | 왕링윈, 장범성 📖
567 밥 딜런 그의 나라에는 누가 사는가 | 오민석 📖
568 언론으로 본 정부 정책의 변천 | 김병희
569 전통과 보수의 나라 영국 1-영국 역사 | 한일동 📖
570 전통과 보수의 나라 영국 2-영국 문화 | 한일동 📖
571 전통과 보수의 나라 영국 3-영국 현대 | 김언조 📖
572 제차 세계대전 | 윤형호
573 제2차 세계대전 | 윤형호
574 라벨로 보는 프랑스 포도주의 이해 | 전경준
575 미셸 푸코, 말과 사물 | 이규현
576 프로이트, 꿈의 해석 | 김석 📖
577 왜 5왕 | 홍성화
578 소가씨 4대 | 나행주

579 미나모토노 요리토모 | 남기학
580 도요토미 히데요시 | 이계황
581 요시다 쇼인 | 이희복 📖
582 시부사와 에이이치 | 양의모
583 이토 히로부미 | 방광석
584 메이지 천황 | 박진우
585 하라 다카시 | 김영숙
586 히라쓰카 라이초 | 정애영
587 고노에 후미마로 | 김봉식
588 모방이론으로 본 시장경제 | 김진식 📖
589 보들레르의 풍자적 현대문명 비판 | 이건수 📖
590 원시유교 | 한성구 📖
591 도가 | 김대근
592 춘추전국시대의 고민 | 김현주 📖
593 사회계약론 | 오수웅
594 조선의 예술혼 | 백형찬 📖
595 좋은 영어, 문체와 수사 | 박종성

문화콘텐츠란 무엇인가

펴낸날	초판 1쇄	2006년 2월 28일	
	초판 11쇄	2023년 8월 30일	

지은이	**최연구**
펴낸이	**심만수**
펴낸곳	**(주)살림출판사**
출판등록	**1989년 11월 1일 제9-210호**

주소	**경기도 파주시 광인사길 30**
전화	**031-955-1350**　　팩스　**031-624-1356**
홈페이지	**http://www.sallimbooks.com**
이메일	**book@sallimbooks.com**

ISBN	978-89-522-0482-0　04080
	978-89-522-0096-9　04080 (세트)

※ 값은 뒤표지에 있습니다.
※ 잘못 만들어진 책은 구입하신 서점에서 바꾸어 드립니다.